ADEGA PORTUGAL GUIA DE VINHOS

2021

Publisher
Christian Burgos

Diretora de Operações
Christiane Burgos Miguez

Editor
Eduardo Milan

Produção e Revisão
Eduardo Milan e André Mendes

Projeto Gráfico
Ricardo Torquetto

Assistente de arte
Rafael Maron

Fotografias
Dollar Photo Club, rawpixel, Pixebay,
Wines of Portugal e Divulgação Vinícolas

Impressão
Vox Editora e Gráfica

ADEGA Portugal - Guia de Vinhos
2021 Produzido por

inner group

Rua Dr. Antônio João Abdalla, 72
São Paulo, SP - Brasil - 04696-210
Tel: (11) 3876-8200

info@innereditora.com.br

World Wine

GRANDES VINHOS, REGIÕES PREMIADAS

SUMÁRIO

EDITORIAL

Matando Saudades

PORTUGAL É UM DOS PAÍSES DE QUE sinto mais saudades neste ano e meio "groundeado" no Brasil. Felizmente, através do vinho, pude visitá-lo sensorialmente.

Vejo esse guia como uma estrada com lindas paisagens e muito bem sinalizada, para você viajar por Portugal de norte a sul.

Eduardo Milan e André Mendes, mais uma vez, trabalharam com muita dedicação e técnica para provar mais de 600 vinhos e escolher os melhores portugueses presentes no mercado brasileiro. Eles tiveram o privilégio de degustar cada recanto da terrinha, e me permitiram participar, avaliar e confirmar os melhores pontos em nossa final às cegas.

Foi uma das grandes degustações que tive este ano e reforça minha conclusão de que Portugal representa talvez a melhor relação preço/qualidade do Velho Mundo para vinhos com 90 pontos ou mais. Isso sem falar na magia das suas uvas autóctones, das Vinhas Velhas, das safras antigas e de poder apreciar o trabalho de amigos queridos, produtores e enólogos.

Dou a você as boas-vindas e lhe convido a trilhar conosco esta deliciosa jornada tendo uma taça em uma mão e este guia na outra.

Saúde!

Christian Burgos
Publisher

ADEGA
OS ÍCONES PREMIADOS
DIRETO DE PORTUGAL PARA A CANTU
HERDADE DE SÃO MIGUEL
ESCOLHA DOS ENÓLOGOS
HERDADE DE SÃO MIGUEL
2019
COLHEITA SELECCIONADA
QUINTA DAS SETENCOSTAS
ALENQUER
D.O.C.
CASA SANTOS LIMA
opta
DÃO · Reserva
VALE de CAVALOS
DOURO
POÇAS
AD 92
AD 91
AD 91
AD 92
AD 92
cantu
IMPORTADORA
/CANTUIMPORTADORA
CANTUIMPORTADORA.COM.BR

EDITORIAL

Consolidação

MAIS UM ANO SE PASSOU E, QUEM DIRIA, AINDA com a pandemia do coronavírus entre nós. Mas, isso não foi obstáculo para lançarmos mais uma edição, a segunda, do ADEGA Portugal Guia de Vinhos.

Entretanto, há males que vem para o bem. Das dificuldades de locomoção e da impossibilidade de estar in loco em Portugal, Christian Burgos teve a ótima ideia de fazermos o guia mesmo assim, porém com foco nos vinhos importados para o Brasil, oferecendo assim ao nosso leitor uma opinião abalizada sobre os vinhos portugueses disponíveis por aqui.

Foi com essa motivação que lançamos a edição 2020 e, agora, a 2021. Para nossa surpresa e alegria, nessa segunda edição tivemos um incremento de 20% no número de amostras, dessa vez com mais de 600 vinhos portugueses avaliados, trazendo um apanhado ainda mais amplo e detalhado do que pode ser encontrado no mercado brasileiro.

Com as degustações do ADEGA Portugal 2021 tivemos mais uma oportunidade de confirmar as impressões que tivemos em 2020. A de que os vinhos portugueses são muito consistentes e ainda oferecem uma ótima relação entre preço e qualidade em todas as faixas, quando comparados aos de outros países, sejam europeus ou da América do Sul. Sem falar, nos mais variados estilos, desde brancos sublimes, que merecem mais atenção e reconhecimento, passando por tintos com cada vez mais senso de lugar, até os míticos vinhos do Porto ou da Ilha da Madeira. Além disso, há a grande diversidade de castas autóctones, pouco encontrada mundo afora. Ou seja, um verdadeiro parque de diversões para todos aqueles que amam o vinho.

Saúde,

Eduardo Milan
Editor

LEGENDAS

Quinta do Ribeiro Santo, uma das propriedades da empresa Magnum Vinhos, administrada pelo enólogo Carlos Lucas

Tabela de avaliação

Classificação	Pontos
Extraordinário	95 a 100
Excelente	91 a 94
Ótimo	89 a 90
Muito Bom	87 a 88
Bom	85 a 86
Regular	83 a 84
Fraco	abaixo de 82

Preços

até 50 reais	$
de 51 a 100 reais	$$
de 101 a 250 reais	$$$
de 251 a 500 reais	$$$$
acima de 501 reais	$$$$$

est. 1588
CROFT
FAMILY PORT SHIPPERS
DESDE 1588, UM DAS MAIS ILUSTRES CASAS DE VINHO DO PORTO
AD 91 PTS
BEBA COM MODERAÇÃO.
WINE SPECTATOR 90
CROFT
FAMILY PORT SHIPPERS ESTABLISHED 1588
THIS RESERVE TAWNY WAS CAREFULLY BLENDED FROM THE FINEST WOOD MATURED PORTS USING SKILLS PASSED DOWN THROUGH THE GENERATIONS. AGEING IN SEASONED OAK CASKS HAS GIVEN THIS PREMIUM PORT THE SEDUCTIVE AMBER COLOUR, SILKY SMOOTHNESS AND RICH MELLOW FLAVORS WHICH ARE THE HALLMARKS OF THE TAWNY STYLE.
RESERVE TAWNY PORT
MATURED IN OAK CASKS
CRAFTED IN THE ORIGINAL WINEMAKING TRADITION OF JOHN CROFT
PRODUCE OF PORTUGAL
LAPASTINA.COM
SELEÇÃO
LA PASTINA
DAL 1947

REGIÕES

Em Portugal, as plantações se dividem por 14 áreas e, ao todo, contabilizam-se 31 Denominações de Origem

PORTUGAL VITIVINÍCOLA

Berço de grande variedade de castas autóctones, que dão origem a vinhos de diversos estilos de norte a sul do país

Coube a Portugal a glória de ter sido a primeira nação a criar uma zona demarcada no mundo. Em 1756, o Marquês de Pombal instituiu a DOC do Porto. Outras se seguiram a partir de 1908: Vinhos Verdes, Dão, Moscatel de Setúbal, Madeira, Bairrada, Algarve, Alentejo, entre outras.

Em 1986, a entrada de Portugal na UE (União Europeia) juntamente com o surgimento do Instituto da Vinha e do Vinho (IVV), organismo oficial adaptado às estruturas impostas pela nova política de mercado, foram os grandes responsáveis pelo salto da economia do país diante do mercado mundial e, conseqüentemente, para o setor da vitivinicultura.

De acordo com a nomenclatura comunitária, os vinhos portugueses classificam-se da seguinte maneira: V.Q.P.R.D. (Vinhos de Qualidade Produzidos em Região Determinada) - essa classificação é dada aos vinhos de qualidade produzidos no integral respeito pelo "Estatuto" de cada uma das regiões, que define entre outros, a delimitação da área geográfica, os rendimentos máximos, o tipo de solos, as castas específicas, que fazem parte de uma lista oficial aprovada, as práticas culturais e os métodos de vinificação. Todo o processo de produção do vinho é sujeito a um controle rigoroso em todas as suas fases, desde a vinha até ao consumidor.

Estes vinhos ainda têm que obedecer a normas e características em relação ao teor alcoólico mínimo, ao estágio mínimo obrigatório, à cor, limpidez, aroma e sabor, que são controladas pelas Comissões Vitivinícolas

PORTO E DOURO		
DOURO	DOC	03
PORTO	DOC	04
DURIENSE	IG	

DÃO		
LAFÕES	DOC	06
DÃO	DOC	07
TERRAS DO DÃO	IG	

BAIRRADA		
BAIRRADA	DOC	08
BEIRA ATLÂNTICO	IG	

LISBOA		
ENCOSTAS D'AIRE	DOC	10
ÓBIDOS	DOC	11
ALENQUER	DOC	12
ARRUDA	DOC	13
TORRES VEDRAS	DOC	14
LOURINHÃ	DOC	15
BUCELAS	DOC	16
CARCAVELOS	DOC	17
COLARES	DOC	18
LISBOA	IG	

TEJO		
DOTEJO	DOC	19
TEJO	IG	

PENÍNSULA DE SETÚBAL		
PALMELA	DOC	20
SETÚBAL	DOC	21
PENÍNSULA DE SETÚBAL	IG	

AÇORES		
GRACIOSA	DOC	29
BISCOITOS	DOC	30
PICO	DOC	31
AÇORES	IG	

MADEIRA		
MADEIRA	DOC	27
MADEIRENSE	DOC	28
TERRAS MADEIRENSES	IG	

VINHO VERDE		
VINHO VERDE	DOC	01
MINHO	IG	

TRÁS-OS-MONTES		
TRÁS-OS-MONTES	DOC	02
TRANSMONTANO	IG	

TÁVORA E VAROSA		
TÁVORA-VAROSA	DOC	05
TERRAS DE CISTER	IG	

BEIRA INTERIOR		
BEIRA INTERIOR	DOC	09
TERRAS DA BEIRA	IG	

ALENTEJO		
ALENTEJO	DOC	22
ALENTEJANO	IG	

ALGARVE		
LAGOS	DOC	23
PORTIMÃO	DOC	24
LAGOA	DOC	25
TAVIRA	DOC	26
ALGARVE	IG	

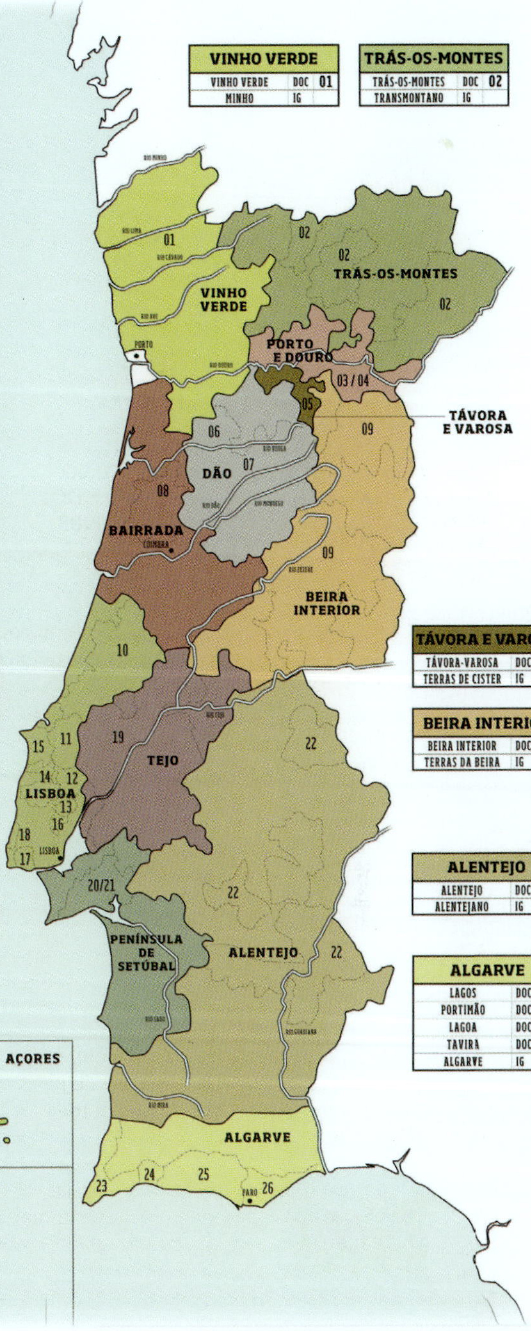

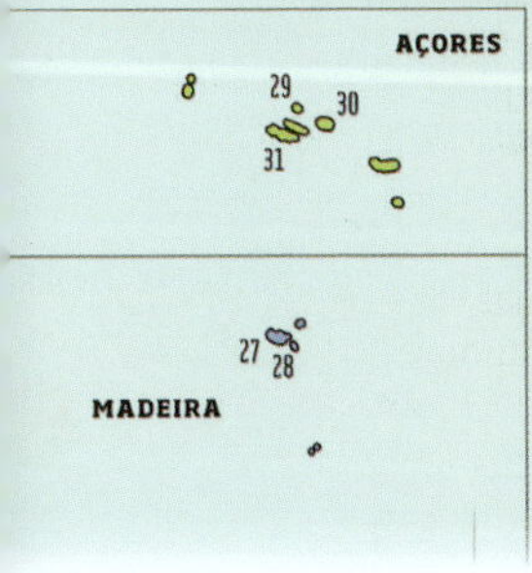

Regionais, de forma a garantir a genuinidade e qualidade dos vinhos por si certificados.

Existe também nomenclatura aplicável aos vinhos licorosos, espumantes e frisantes:

VLQPRD - Vinho Licoroso de Qualidade Produzido em Região Determinada

VEQPRD - Vinho Espumante de Qualidade Produzido em Região Determinada

VFQPRD - Vinho Frisante de Qualidade Produzido em Região Determinada

A Denominação de Origem (DO) é uma certificação que pode ser atribuída aos vinhos cuja produção está tradicionalmente ligada a uma região geograficamente delimitada e sujeita a regras de produção específicas. A DO pode ser aplicada relativamente as quatro designações supracitadas, bem como às aguardentes de vinho e bagaceira e aos vinagres de vinho. Hoje, Portugal possui 31 DOC/DOP, ambas siglas são utilizadas no país. A designação tradicional "DOC" significa Denominação de Origem Controlada e a pan-europeia "DOP" representa Denominação de Origem Protegida.

Além destas menções de qualidade, há também a categoria chamada de "Vinho Regional", correspondente aos vinhos produzidos numa região específica (atualmente o território português está dividido em 14 áreas). A União Europeia incluiu novas designações para esta categoria de vinho: "Indicação Geográfica" (IG) e "Indicação Geográfica Protegida" (IGP). Estes vinhos são elaborados com uvas provenientes, no mínimo de 85%, da mesma região e de castas identificadas como recomendadas e autorizadas para aquele tipo de vinho, e estão sujeitos a um sistema de certificação. Uma IG pode ser aplicada relativamente aos vinhos de mesa, espumantes, frisantes, licorosos, aguardentes de vinho e bagaceira e vinagres de vinho.

E por último, a classificação "Vinho" (designação que substitui a tradicional referência "Vinho de Mesa") é atribuída a todos os vinhos de mesa que não se enquadram nas designações já referidas.

LEVE MAIS
Sabor
PARA A SUA CASA
MAIS DE 40 VARIEDADES
DE CAFÉS ESPRESSOS E MULTIBEBIDAS
OJA OFICIAL:
@mercafe
mercafe.com.br/escolhatres
tres

AÇORES

O arquipélago dos Açores é composto por nove ilhas de origem vulcânica

Em meio ao oceano Atlântico, a 1600 km a oeste da costa continental portuguesa, situa-se o arquipélago dos Açores constituído por nove ilhas. A cultura da vinha nas ilhas Terceira, Pico e Graciosa, remontam à época do seu povoamento em meados do Séc. XV, pensando-se que foram os frades franciscanos quem nelas introduziram o plantio da vinha. Construídas as igrejas, eles tiveram que importar vinho, elemento essencial na celebração da missa. Com o tempo, perceberam que o clima era similar ao da Sicília, então trouxeram de lá várias plantas de Verdelho. A adaptação foi imediata e logo começou a exportação para todo o norte da Europa.

A qualidade dos vinhos açorianos levou ao reconhecimento de três Denominações de Origem, Pico, Biscoitos e Graciosa, bem como da Indicação Geográfica Açores, que em sua área geográfica abarca as nove ilhas que compõem a Região Autônoma dos Açores.

PRATA
DESDE 1876

VISITE NOSSO
E-COMMERCE

ABRIDOR? SÓ SE FOR DE VINHO.

INOVANDO, VALORIZAMOS A TRADIÇÃO.

A HARMONIZAÇÃO PERFEITA ENTRE
EMBALAGEM NOVA E QUALIDADE

1876 · 1876 · 1876 · 1876

DESDE 1876

ÁGUA MINERAL NATURAL

AGUASPRATA.COM.BR aguasprata /aguaspratаoficial

ALENTEJO

Templo romano de Évora

Situado na zona sul de Portugal, o Alentejo é uma região essencialmente plana, com alguns acidentes de relevo, não muito elevados, mas que o influenciam de forma marcante. Embora seja caracterizada por condições climáticas mediterrâneas, apresenta nessas elevações, microclimas que proporcionam condições ideais ao plantio da vinha e que conferem qualidade às massas vínicas. As temperaturas médias do ano variam de 15° a 17,5°, observando-se igualmente a existência de grandes amplitudes térmicas e a ocorrência de verões extremamente quentes e secos. Mas, graças aos raios do sol, a maturação das uvas, principalmente nos meses que antecedem a vindima, sofrem um acúmulo perfeito dos açúcares e materiais corantes na película dos bagos, resultando em vinhos equilibrados e com boa estrutura. Os solos caracterizam-se pela sua diversidade, variando entre o xisto, granito, mármore, argila e calcário.

QUINTA DOS

MURÇAS

DOURO · PORTUGAL

Situada no centro da DOC Douro, é caracterizada pela presença de 8 terroirs muito marcados pelas montanhas, pelas diferentes altitudes e exposições solares, pelos solos xistosos e pelo clima característico do vale do rio Douro.

DESTAQUE DOURO

QUINTA DOS MURÇAS MARGEM 2018

Provém de vinhas nas margens do rio Douro, onde a baixa altitude e exposição solar dão origem a uvas com maior concentração e maturação.

@ESPORAOWORLD WWW.ESPORAO.COM #ISTOÉESPORÃO

Na Denominação de Origem Alentejo estão incluídas 8 sub-regiões: Portalegre, Borba, Redondo, Reguengos, Vidigueira, Évora, Granja-Amareleja e Moura. As principais cepas tintas encontradas na região são Alfrocheiro, Alicante Bouschet (francesa de origem, encontrou no Alentejo seu terroir de excelência), Aragonez, Cabernet Sauvignon, Castelão, Syrah, Touriga Nacional e Trincadeira. As principais variedades brancas são Antão Vaz, Arinto, Fernão Pires e Roupeiro.

ADEGA
rewards
O PRIMEIRO PROGRAMA DE FIDELIDADE DO MUNDO DO VINHO
Pontue e resgate vinhos, cursos, acessórios e muito mais.
Inscreva-se grátis em
AdegaOnline.com.br

ALGARVE

Localizado no extremo sul de Portugal Continental, o Algarve é uma zona bem definida. É uma região com características particulares, conferidas pela proximidade do mar, pelo clima, pela vegetação natural e pela cultura marcada pela longa ocupação árabe. Foram os árabes os responsáveis por fixar a tradição vinícola em Algarve. Eles não só plantaram a vinha como também exportavam o vinho produzido, tendo os cristãos, décadas mais tarde, aproveitado essa tradição, incrementando-a, até a atualidade. A localização meridional, a proteção assegurada pela barreira montanhosa contra os ventos frios do Norte e sua exposição em anfiteatro virado para o sul, fazem com que o clima seja acentuadamente mediterrânico: quente, seco, com pouco vento, amplitudes térmicas muito reduzidas e com média de sol acima das 3000 horas por ano. Na região do Algarve, existem quatro Denominações de Origem Controlada: Lagos, Portimão, Lagoa e Tavira.

APENAS PARA MAIORES DE 18 ANOS
CLUBE ADEGA
Os melhores vinhos das melhores importadoras em um único clube
CLUBE ADEGA
A MELHOR REVISTA, OS MELHORES VINHOS
CONTÉM 3 GARRAFAS
AD 94
AD 96
AD 95
POMMARD
VIEILLES VIGNES
Dominique LAURENT
JOHN DUVAL WINES
Annexus
AÑADA
Pino
Acesse e faça parte
ClubeAdega.com.br

BAIRRADA

A produção de vinhos na região de Beira Atlântico remonta ao tempo dos romanos. A partir do ano de 1390 nos reinados de D. João I e D. João III, os vinhos desta área do país, tinham sido alvo de medidas de proteção, dada a sua qualidade e importância econômica.

Situada entre Águeda e Coimbra, a região da Bairrada tem clima mediterrâneo, com noites frescas mesmo nos verões mais quentes. Com terrenos planos e predominantemente arenosos e pobres, as vinhas são normalmente cultivadas em solos argilosos e argilo-calcários, que, raramente, ultrapassam os 120 metros de altitude. Foi uma das primeiras regiões de Portugal a explorar os vinhos espumantes, estilo que continua com grande prestígio no país. As principais castas brancas são Arinto, Bical, Cercial, Chardonnay, Fernão Pires (também conhecida como Maria Gomes) e Rabo de Ovelha. As tintas são Alfrocheiro, Baga (considerada por muitos a uva símbolo da Bairrada), Bastardo, Cabernet Sauvignon, Castelão, Jaen, Merlot, Syrah e Touriga Nacional.

A Comissão Vitivinícola da Bairrada tem, entre outras atribuições, a competência de certificar os produtos vitivinícolas com direito à Denominação de Origem Bairrada (DO Bairrada) e Indicação Geográfica Beira Atlântico (IG Beira Atlântico). A área geográfica de produção da IG Beira Atlântico abrange parte dos distritos de Aveiro, de Coimbra e de Leiria.

BAIRRADA

- Adega de Cantanhede... **p.100**
- Caves São João........... **p.131**
- Filipa Pato **p.142**
- Luis Pato....................... **p.166**
- Palácio do Buçaco...... **p.181**
- Vadio **p.261**

BEIRA ATLÂNTICO

- Adega de Cantanhede..... **p.100**
- Luis Pato....................... **p.166**

BEBA COM MODERAÇÃO
CORAVIN®
CORAVIN
Deguste
a mesma garrafa,
taça a taça
durante meses.
Mantenha as características
e propriedades de seu vinho
com o moderno sistema Coravin®
Compre em:
AdegaOnline.com.br
Como usar o seu Coravin®
✓ Coloque o Coravin® na parte superior da garrafa. Pressione para baixo para que a agulha atravesse a rolha.
✓ Incline a garrafa como faria normalmente ao servir. Pressione e solte o gatilho para servir o vinho. Retorne a garrafa à posição vertical para parar de servir.
✓ Retire o Coravin® puxando-o para cima. A rolha voltará ao seu estado original e sua garrafa pode voltar à sua adega

BEIRA INTERIOR

Na zona da Beira Interior - área que se estende numa faixa ao longo da fronteira com a Espanha - o vinho foi, durante séculos, o produto agrícola predominante. A cultura da vinha desenvolveu-se significativamente no início do século XII, pelas mãos dos monges de Cister. Em 1999, os vinhos desta região foram reconhecidos na categoria de Denominação Origem Beira Interior. Justiça feita aos tintos vivos e brilhantes e aos brancos aromáticos, cheios e persistentes em sabor.

Os solos são, em sua maioria, de natureza granítica, sendo os restantes basicamente de origem xistosa. O clima é particularmente agreste, com verões muito quentes e secos e invernos que chegam a temperaturas negativas. Destacam-se as variedades brancas Síria, Malvasia, Fonte Cal e Arinto e as tintas Rufete, Touriga Franca, Touriga Nacional e Tinta Roriz. A DO Beira Interior abrange as sub-regiões de Castelo Rodrigo, Cova da Beira e Pinhel.

• Caves São João..........p.131

DÃO

O Dão é uma das mais antigas regiões vitivinícolas de Portugal, situada no centro-norte do país, logo abaixo do Douro, que carrega a reputação de produzir alguns dos melhores tintos e brancos portugueses. Cercada por altas montanhas de granito por três lados - Serra da Estrela, Serra do Caramulo e Serra da Nave -, a região fica protegida da influência do Oceano Atlântico. Assim, o clima local se mantém temperado. Os verões são secos e quentes, enquanto os invernos, frios e chuvosos, com grande amplitude térmica. Além disso, os solos são arenosos, de origem granítica e xistosa, bem drenados. Em conjunto, esses são fatores propícios para a obtenção de vinhos de alta qualidade. No Dão planta-se uma grande variedade de cepas e é notável o fato de a região ser rica em espécies autóctones. A maior parte dos vinhos é, todavia, produzido a partir de Touriga Nacional, Tinta Roriz, Jaen (conhecida na Espanha como Mencía), Alfrocheiro Preto e Encruzado. De fato, dados apontam que 80% da produção da região é de tintos, sendo que pelo menos 20% desses rótulos leva Touriga Nacional. A Encruzado é a principal cepa branca, por vezes combinada com Malvasia Fina e Bical.

A Comissão Vitivinícola Regional do Dão é a entidade responsável pela certificação e autenticação do vinho com direito à Indicação

Geográfica (IG) Terras do Dão e às Denominações de Origem (DO) Dão e Lafões. Esta última é uma pequena região localizada entre as denominações do Dão e Vinho Verde. Ali, os solos são geralmente mais férteis, e a região assemelha-se à do Vinho Verde, tanto pela condução das videiras - campos de cultura com a vinha alta a servir de bordadura - quanto pelas características dos vinhos (os brancos tem acidez elevada, são pouco alcoólicos e bastante frutados e os tintos têm um bom poder de envelhecimento). O nome deriva do árabe "Alafões", que significa "dois irmãos". Uma alusão aos montes, hoje conhecidos como Castelo e Lafões.

- Adega de Silgueiros.... **p.111**
- Caves São João........... **p.131**
- Enoport........................ **p.141**
- Kelman......................... **p.162**
- M.O.B............................ **p.169**
- Magnum Vinhos........... **p.171**
- Opta............................... **p.179**
- Quinta da Falorca....... **p.197**
- Quinta da Pellada....... **p.201**
- Quinta da Ponte Pedrinha.......... **p.203**
- UCB - União Comercial da Beira **p.258**
- Val da Ucha................ **p.262**

DOURO

Rio Douro e os típicos vinhedos em socalcos às suas margens

O Douro, no nordeste de Portugal, é uma das mais belas regiões vitivinícolas do mundo. Estende-se por uma área de cerca de 250 mil hectares, ao longo das margens do rio que lhe dá nome e de seus afluentes. Embora a presença da vinha na região remonte a 4 mil a.C., a produção de vinhos só tomou impulso a partir do século XVIII, quando o Vinho do Porto foi criado e a região se tornou a primeira do mundo a ser demarcada e delimitada. Muitos anos mais tarde, em 1982, uma nova iniciativa criaria a DOC Douro, que regula também a produção de vinhos tranquilos (tintos e brancos).

Divide-se em três sub-regiões: a mais ocidental é o Baixo Corgo. Próxima ao mar, nela se sente a influência atlântica. As encostas são menos inclinadas e a produção é relativamente abundante (cerca de 50% do total). O Cima Corgo engloba a parte central da zona e vai do leste do rio Corgo até Cachão da Valeira. As encostas são difíceis e irregulares e as montanhas muito inclinadas. O índice de chuvas é mais baixo do que no leste. Finalmente, desde o Cachão da Valeira até a fronteira espanhola, encontramos o Douro Superior. O clima é ainda mais seco e a qualidade dos vinhos é excelente. As encostas das montanhas são menos íngremes, aceitando até alguma mecanização.

Os vinhos do Douro possuem muita personalidade e são elaborados com uvas autóctones do país. O mais famoso deles é, sem dúvida, o Vinho do Porto, um fortificado, com alto teor alcoólico e marcada

doçura natural proveniente do açúcar residual do seu mosto. Seus vinhos de mesa (como são classificados os vinhos finos portugueses), sobretudo os tintos, também conquistaram prestígio internacional e certamente integrarão as grandes coleções de vinho de nosso século. As variedades tintas mais destacadas são a Touriga Nacional, Tinta Roriz, Touriga Franca, Tinta Barroca, Tinta Cão e Bastardo. E as principais brancas são a Malvasia Fina, Verdelho, Rabigato, Donzelinho, Esgana Cão e Viosinho.

- Adriano Ramos Pinto.... **p.114**
- CARM **p.119**
- Casa Santos Lima **p.127**
- Caves da Raposeira... **p.130**
- Caves Transmontanas **p.133**
- Chryseia **p.134**
- Croft **p.138**
- Duorum **p.140**
- Graham's **p.145**
- Herdade do Rocim **p.155**
- Lavradores de Feitoria **p.163**
- Pessoa Wines **p.187**
- Poças **p.188**
- Quanta Terra **p.191**
- Quinta da Romaneira.... **p.204**
- Quinta das Tecedeiras **p.207**
- Quinta de La Rosa **p.213**
- Quinta de Maritávora... **p.215**
- Quinta do Côtto **p.219**
- Quinta do Crasto **p.220**
- Quinta do Noval **p.228**
- Quinta do Pessegueiro.... **p.231**
- Quinta do Poeira **p.232**
- Quinta do Vale Meão .**p.234**
- Quinta dos Murças.... **p.237**
- Quinta Nova de Nossa Senhora do Carmo... **p.240**
- Roquette & Cazes **p.242**
- Symington Family Estates **p.249**
- Taylor's **p.254**
- Val da Ucha **p.262**
- Valdouro **p.264**
- Wiese & Krohn **p.267**
- Wine & Soul **p.268**

TIPOS DE PORTO

Vinho do Porto é um bastião da região do Douro

O mais clássico dos vinhos fortificados é, sem dúvida, o Porto. Durante sua elaboração, em determinado estágio do processo de fermentação, a aguardente vínica é adicionada, normalmente na proporção de uma parte de álcool para cada quatro partes de vinho. Essa adição destrói as leveduras e interrompe a fermentação. O enólogo determina o momento da fortificação de acordo com o grau de doçura desejado. Logo após a fortificação, o vinho é disposto em tonéis para descansar. Os Portos recebem uma classificação de acordo com o período em que o vinho passa nesses tonéis. Os tintos são certamente os mais conhecidos e, atualmente, as cinco variedades mais utilizadas em sua produção são: Tinta Roriz, Touriga Nacional, Touriga Franca, Tinta Cão e Tinta Barroca. Os principais tipos de vinho do Porto tinto são Ruby, Tawny, Tawny 10, 20, 30 e 40 anos, Colheita, Late Bottled Vintage (LBV), Vintage e Single Quinta.

CLASSIFICAÇÕES DO VINHO DO PORTO

- **Ruby:** Jovens e não safrados, de coloração intensa. Mais simples dos Portos, descansam em madeira por dois a três anos. Normalmente têm caráter frutado. Devem ser consumidos cedo.
- **Late Bottled Vintage ou LBV:** Produzido a partir de uvas de uma safra específica e envelhecido em madeira por período de quatro a seis anos.
- **Tawny:** Mais elegantes do que os Ruby, envelhecidos em madeira por período que varia de quatro a seis anos. Nesse tempo, sofrem oxidação, tornando-se acastanhados. Apresentam notas de especiarias e frutas secas.
- **Tawny 10, 20, 30 e 40 anos:** Produzidos a partir da mistura de Portos de diferentes safras. O número de anos do rótulo representa a média de idade desses vinhos. Apresentam muita concentração e riqueza de aromas e sabores, notadamente de frutas secas.
- **Colheita:** Tawnys produzidos a partir de única safra – normalmente de lotes especiais – e mantidos em madeira por um período mínimo de sete anos, até seu engarrafamento para comercialização.
- **Vintage**: Produzidos apenas em safras excepcionais, a partir de uvas dos melhores vinhedos, com grande complexidade e longevidade, e engarrafados apenas após dois anos de envelhecimento em madeira. Seu envelhecimento, na verdade, se dá em garrafa. É necessária aprovação do "Instituto do Vinho do Douro e do Porto" para que um vinho ostente a classificação Vintage.
- **Single Quinta:** Produzidos sob as mesmas normas seguidas pelos Vintage, entretanto a partir de uvas provenientes de um único vinhedo.

Há também vinhos do Porto brancos e rosés. Os primeiros são produzidos exclusivamente a partir de uvas brancas - especialmente Malvasia Fina, Donzelinho, Gouveio, Codega e Rabigato. Apresentam uma doçura variável, indo desde os muito doces - chamados Lágrima -, passando pelos doces, meio-secos, secos, até os extra-secos. O seu teor alcoólico varia normalmente entre 19% e 22%. Normalmente são servidos frescos, como aperitivo. Costumam também ser base para drinks de verão, como o Portônica. O Rosé é um tipo recente no universo dos Porto. Sua cor rosada é obtida através de maceração pouco intensa de uvas tintas e em que não se promovem fenômenos de oxidação durante a sua conservação. Versáteis e de boa intensidade aromática, devem ser consumidos novos, frescos ou com gelos, podendo ainda ser utilizado em diversos coquetéis.

LISBOA

Antigamente conhecida como Estremadura, hoje a região recebe seu nome por sua proximidade com a capital do país, que em algumas situações vem literalmente envolvendo e engolindo seus vinhedos. Lisboa é composta por nove denominações de origem (DO) Bucelas, Colares, Carcavelos, Alenquer, Arruda, Lourinhã, Óbidos, Torres Vedras e Encostas d'Aire. Estas DOs são um caleidoscópio de características distintas, desde zonas mais quentes até um clima mais influenciado pelo mar; desde vinhos potentes a elegantes; de brancos a tintos; de castas internacionais - que aí se adaptaram muito bem - às castas típicas de Portugal - que aí encontram expressões especiais. Explorar as diversas tipicidades de seus melhores vinhos é fonte de grande prazer e descobertas.

Lisboa é considerada uma das maiores regiões vitivinícolas de Portugal, tanto em relação à área de vinhedos quanto à produção

Lisboa é composta por nove denominações de origem (DO): Bucelas, Colares, Carcavelos, Alenquer, Arruda, Lourinhã, Óbidos, Torres Vedras e Encostas d'Aire

(sendo que a maior parte dos vinhos produzidos são vendidos como Vinho Regional Lisboa). As castas tintas predominantes são Alicante Bouschet, Aragonez, Castelão, Tinta Miúda, Touriga Franca, Touriga Nacional, Trincadeira, Cabernet Sauvignon e Syrah. E as principais brancas Arinto, Fernão Pires, Malvasia, Seara-Nova, Vital e Chardonnay.

- Casa Santos Lima......p.127
- Herdade do Rocim.....p.155
- Parras Wines..............p.183
- Quinta de Chocapalha.p.209
- Quinta do Monte d'Oiro...............p.226

MADEIRA

A Ilha da Madeira tem grandes variações de altitude, do nível do mar a 2 mil metros

Descoberta em 1419, nos tempos áureos das viagens marítimas portuguesas, a Madeira ficou sob administração dos capitães João Gonçalves Zarco, Tristão Vaz Teixeira e Bartolomeu Perestrello, e logo foi ocupada com culturas de trigo, cana-de-açúcar e uva.

A ilha da Madeira tem uma área total de apenas 740 quilômetros quadrados (no máximo 58 km Leste-Oeste e 23 km Norte-Sul), sendo que mais de 450 hectares são destinados exclusivamente à produção vitivinícola. O território madeirense expande-se no oceano Atlântico e forma um arquipélago com a ilha do Porto Santo e com as ilhas Desertas e Selvagens.

A maior parte da produção de Vinho Madeira tem por base as uvas Sercial, Verdelho, Boal, Malvasia e Tinta Negra, que são plantadas em solos de origem vulcânica. De forma geral, os solos madeirenses têm uma textura argilosa e quimicamente apresentam-se ácidos,

Madeira é um arquipélago constituído por duas ilhas habitadas - Madeira e Porto Santo - e outras inabitadas (as Desertas e as Selvagens)

ricos em matéria orgânica, magnésio e ferro, pobres em potássio e suficientes em fósforo.

De acidez marcante e frescor quase eterno, o Madeira é único no mundo, típico pelos seus aromas de envelhecimento que casam o sol e a temperatura alta da região com o processo de oxidação lenta, em cascos de madeira antigos. Nesse néctar, há um sabor secular que renasce com jovialidade em cada garrafa. O Vinho Madeira é um prazer em forma de especiarias, amêndoas torradas, frutas cristalizadas e aromas etéreos que se fundem.

• Blandy's........................ **p.118**

MINHO

A cultura da vinha tem remotas tradições na região do Minho. As mais antigas referências que se conhecem da existência de produção de vinho, no que é hoje a região demarcada, remontam à época romana. No entanto, a mais antiga menção conhecida a esses vinhos encontra-se num documento datado de 1606, passado pela Câmara do Porto.

A região estende-se por todo o noroeste de Portugal, na zona tradicionalmente conhecida por Entre-Douro-e-Minho. Está situada numa zona de relevo muito variado, com exposição atlântica e clima caracterizado por elevada pluviosidade, umidade atmosférica, temperatura amena e pequenas amplitudes térmicas. Os solos são homogêneos e predominantemente graníticos, férteis a muito férteis, de acidez elevada.

Segundo a Comissão de Viticultura da Região dos Vinhos Verdes, entidade responsável pela certificação do DOC "Vinho Verde" e do Vinho Regional Minho, as principais cepas brancas são Alvarinho, Arinto (designada localmente por Pedernã), Avesso, Azal, Loureiro e Trajadura. A maioria dos Vinhos Verdes brancos são compostos por um blend de uvas, resultando em vinhos especialmente

Esta é a maior denominação de Portugal, com uma área de cerca de 24 mil hectares ao sul do rio Minho, onde os vinhedos se concentram

aromáticos, límpidos e refrescantes. A exceção é a quantidade crescente de ótimos exemplares produzidos exclusivamente por Alvarinho, cultivada particularmente na sub-região de Monção e Melgaço, que, dada a sua elevada qualidade, tem sido levada para outros pontos da região e do país. Recentemente, a Arinto também está se tornando cada vez mais popular em varietais. A produção de vinho tinto ocorre em menor escala e seu maior consumo é interno, sendo pouco exportado. As uvas tintas mais importantes são Espadeiro, Padeiro e Vinhão (casta local que domina a produção dos tintos e ultimamente cada vez mais voltada para elaboração de rosados).

Atualmente, a região dos Vinhos Verdes é dividida em 9 sub-regiões: Monção, Lima, Cávado, Ave, Basto, Sousa, Amarante, Baião e Paiva.

- Adega Ponte da Barca............**p.113**
- Casa Relvas.................**p.122**
- Casa Santos Lima......**p.127**
- Herdade do Rocim.....**p.155**
- Palácio da Brejoeira......................**p.180**
- Pessoa Wines..............**p.187**
- Quinta da Calçada......**p.195**
- Quinta de Covela........**p.210**
- Quinta do Ameal.........**p.217**
- Quinta do Côtto..........**p.219**
- Soalheiro......................**p.246**
- Val da Ucha................**p.262**
- Vila Nova......................**p.265**

PENÍNSULA DE SETÚBAL

A oeste do Alentejo, as antigas Terras de Sado, rebatizadas como Península de Setúbal, destacam-se de outras regiões de Portugal por sua boa relação entre qualidade e preço. Seu vinho ícone, o Moscatel de Setúbal, é um dos três grandes fortificados portugueses e, para muitos, só não é tão conhecido quanto o Vinho do Porto e o Vinho Madeira pelo fato de os ingleses não terem ido 300 quilômetros mais ao sul.

Setúbal compreende a Indicação Geográfica Península de Setúbal (Vinho Regional) e as Denominações de Origem Palmela, que abarca a produção de vinhos tranquilos, espumantes e fortificados, e Setúbal, reservada para os vinhos Moscatel de Setúbal e Moscatel Roxo. As principais castas são a Arinto, Moscatel de Setúbal (também conhecida como Moscatel de Alexandria) e Fernão Pires, para as brancas, e Moscatel Roxo, Touriga Nacional, Aragonez, Syrah e Castelão, para as tintas.

• Bacalhôa........................p.116

TÁVORA-VAROSA

Situada a nordeste do Dão, fazendo fronteira com o Douro, a pequena região de Távora-Varosa é principalmente associada à produção de espumantes, sendo a primeira região demarcada de espumantes de Portugal, em 1989.

A área de produção da DO Távora-Varosa, que abrange vinhos tranquilos e espumantes, é marcada pela qualidade superior de seus vinhos - resultado da combinação de solos graníticos e às vezes xistosos, de erosão acentuada e ácidos, com o clima temperado e seco, mas com invernos bastante rigorosos.

As principais variedades, além de Pinot Noir e Chardonnay (reconhecidas mundialmente por sua excelência, inclusive na composição de espumantes), são as tintas Touriga Nacional, Touriga Franca, Tinta Barroca e Tinta Roriz e as brancas Bical, Cerceal, Gouveio-Real, Malvasia Fina e Verdelho.

Cabe à Comissão Vitivinícola Regional Távora-Varosa o controle e a certificação da DO Távora-Varosa e da IG Terras de Cister.

TEJO

Situada no Centro de Portugal, a região se divide em três paisagens bastante diferentes e designadas como Campo (Lezíria do Tejo), Bairro e Charneca. O Campo corresponde à planície, inundável pelo rio Tejo, de terras férteis. Destaca-se como uma zona de ótima aptidão para a produção de vinhos brancos. O Bairro, na margem direita do Tejo, tem um relevo mais acentuado e solos mistos, onde muitas oliveiras convivem harmoniosamente com a vinha, o trigo e o milho. A Charneca, estende-se pela margem esquerda do Tejo, onde o solo é mais pobre e a vinha precisa dividir os recursos existentes com os eucaliptos e pinheiros. Aqui, os vinhos têm normalmente um grau alcoólico mais elevado devido ao aquecimento dos bagos pelo reflexo do sol nas areias brancas, nas quais os vinhedos são plantados.

A Comissão Vitivinícola Regional do Tejo (CVR Tejo), criada em 2008 e que sucedeu à Comissão Vitivinícola Regional do Ribatejo (fundada em 1997), é a entidade que controla e certifica os vinhos produzidos na região com direito à Denominação de Origem do Tejo (DO do Tejo) e à Indicação Geográfica Tejo (IG Tejo).

• Quinta da Alorna............................**p.193**
• Quinta da Lagoalva de Cima........**p.198**

TRÁS-OS-MONTES

Localizada no nordeste de Portugal, a Região Vitivinícola de Trás-os-Montes apresenta-se por entre montes e acentuados vales em uma ampla área de extensão, de Montalegre ao Planalto Mirandês. Carateriza-se pela altitude elevada e seu clima continental, com verões muito quentes e invernos extremamente rigorosos. Os solos são graníticos com algumas manchas de xisto, pobres e pouco produtivos.

Em Trás-os-Montes há três sub-regiões para a produção de vinhos de qualidade com direito à Denominação de Origem (DO): Chaves, Valpaços e Planalto Mirandês. No que se refere ao vinho com Indicação Geográfica (IG), geralmente designado por Vinho Regional Trasmontano, este pode ser produzido em toda a região. O controle e a defesa da Denominação de Origem e da Indicação Geográfica, ambas reconhecidas em novembro de 2006, são de responsabilidade da entidade certificadora Comissão Vitivinícola Regional de Trás-os-Montes (CVRTM).

de Guias Vinho

Amplie seu conhecimento e descubra
os melhores vinhos com as publicações do Inner Group.
Complete sua coleção hoje mesmo.

ADEGA ESPANHA
Guia de Vinhos 2021

1ª edição do guia com os melhores vinhos espanhóis. Degustamos centenas de vinhos da Espanha e elegemos os melhores do ano. Além das pontuações e avaliações, encontre dicas de roteiros gastronômicos e conteúdo explicativo sobre as regiões vitivinícolas.

ADEGA BRASIL
Guia de Vinhos 2021

10ª edição da principal referência em vinhos brasileiros. Degustamos centenas de vinhos e elegemos os melhores do ano para você. Além das avaliações, encontre dicas dos editores de ADEGA para turismo na Serra Gaúcha.

Guia Descorchados
2021

Descorchados é o mais importante Guia de Vinhos na América do Sul, uma fotografia em grande angular do que acontece hoje no cenário de Vinhos da Argentina, Brasil, Chile e Uruguai.

Aponte para o **QR Code** e garanta já o seu guia!

AdegaOnline.com.br

DICAS DE VIAGENS

Muito além do vinho, Portugal é um país e tanto para viajantes. Primeiro, porque reúne tradição, história, belezas naturais, boa comida e um povo igualmente delicioso. Depois, porque o país inteiro é facilmente acessível por estradas excelentes, grande rede hotéis e restaurantes inesquecíveis. Enfim, porque tem os melhores preços da Europa e... fala-se português!

Nas páginas a seguir, reunimos um pouco das maravilhas portuguesas, não com um olhar tradicional e óbvio, mas com uma seleção escolhida a dedo, com dicas muito precisas, para quem que ir além das taças.

Dividimos os roteiros em cinco regiões, todas famosas por sua produção de vinhos, de Lisboa ao Douro. Mas você pode fazer "ao contrário", se chegar pelo Porto. Aproveite e boa viagem!

Herdade do Esporão, no Alentejo

DICAS DE VIAGENS

ALENTEJO

O nosso roteiro começa em Évora onde uma bela pedida é hospedar-se no **Convento do Espinheiro** ❶ *(conventodoespinheiro.com), um cinco estrelas moldado numa edificação do século 15 erguida em homenagem à Nossa Senhora do Espinheiro, no mesmo local onde ela teria aparecido para um pastor. O lugar era frequentado pela nobreza e os resquícios dessa fase ainda estão presentes nos afrescos e nas peças religiosas, além do rico mobiliário.*

Nos quartos, porém, o que vemos, especialmente nos da novíssima "seção design", é uma decoração moderna, ao estilo Philippe Starck. O contraste é fascinante. Não menos do que a impressionante adega do

hotel. Ela foi construída onde era a cisterna do convento, com arcos góticos, num verdadeiro cenário de cinema. Não raro, ali acontecem degustações de vinhos alentejanos.

Para comer em Evóra, há duas paradas obrigatórias. A primeira é na**Tasquinha D'Oliveira** ❷ *(R. Cândido dos Reis 45, tel.: +351 266 744 841)*, comandada por Manuel Oliveira e pela mulher, Carolina, que toca a cozinha (cotada

como uma das melhores de Portugal) com mãos de fada. Na meia dúzia de mesas da casa, come-se comida tradicional, feita de forma autêntica, desde os inúmeros petiscos de entrada até pratos como as bochechas de porco preto à moda alentejana ou o borrego assado. As sobremesas são uma perdição (a encharcada, aliás, é de comer ajoelhado). Ah, sim, a Tasquinha, só atende com reservas.

O **Fialho** ❸ (restaurantefialho.pt) é a outra boa mesa que você não pode deixar de conhecer. Aqui tudo é clássico: dos trajes dos garçons aos pratos portugueses. Feitos “à francesa”, com enorme sofisticação – e perfeição. Estamos falando de bases, molhos, assados, salteados preparados – e servidos! – num nível como pouco se vê. O cardápio extenso nos deixa sempre com a vontade de voltar.

Foi na Bairrada que o famoso leitão português, com pele estalando de crocante e carne bem úmida, ganhou o coração de já comeu. A boa notícia é que o porquinho também brilha no **Parque dos Leitões** ❹ (*Rua Pedro Sousa, 2. Tel.: 266 499 034*), em Évora. Ele é pouco falado por turistas, mas um must entre os locais. E quem o descobre não esquece. Tudo é bom por aqui, com ambiente agradável, seja no salão, seja nas mesas de um pátio bem gostoso.

O bicho que dá nome à casa, claro, destaca-se no cardápio. Mas há ainda um sem

fim de opções, especialmente de pestiscos. Eles transformam a refeição num verdadeiro parque de diversões, regada pelos vinhos da ótima carta local. As migas de bacalhau no Tarro, por exemplo, são incrivelmente aveludadas e saborosas. Há ainda as migas à alentejana com porco preto, os torresmos do Rissol, a saladinha de pimentos, o presunto ibérico de primeiríssima. Uma perdição...

Mais ao norte, na cidadezinha de Portalegre fica uma das sensações da região, o **Solar do Forcado** ❺ (*Rua Candido dos Reis, 14. Tel.: 245 330 866*). Ele está numa ruazinha de de paralelepípedos num bairro antigo da cidade, nas proximidades do castelo famoso que todo visitante quer ver de perto. Quem passa pela fachada modesta não imagina a grande experiência que viverá além dela. Para começar, a sala de jantar é pequena e acolhedora, com uma atmosfera local inebriante. A decoração gira em torno do mundo das touradas, com louças lindas e taças em bico de jaca. Tudo tão... português! Assim como a culinária tradicional praticada por aqui. A carne é tema central, dedicada touros de arena e, claro, aos toureiros. A homenagem é devido ao envolvimento da família dona da casa que, outrora, tiveram grande envolvimentos com as touradas.

Ao modo local, os espetos (brochettes) são ótima pedida, na companhia de um mundo de acompanhamentos. Muito melhor é o inesquecível cozido à portuguesa servido todas as quintas-feiras! Está dada a dica de quando ir ao restaurante, certo?

A maior vinícola do Alentejo é uma espécie de Disney do vinho por causa do oceano de videiras que a cerca. No caminho até a sede, uma área considerável apresenta as mais variadas castas, do mundo todo, colocadas em teste no terroir local. No prédio moderno, onde tudo acontece, encontramos mais uma vez a tal Portugal descolada, com salas gostosas, mesas sob caramanchões, uma loja incrível com todos os produtos (alguns só vendidos ali) da empresa e o restaurante.

Ah, o restaurante de comida contemporânea, que é um destaque da gastronomia do país inteiro.

Para finalizar, em grande estilo, dessa vez bem ao sul do Alentejo, a **Herdade da Malhadinha Nova** ❻ *(malhadinhanova.pt)* é a síntese do charme alentejano. Ela nasceu a partir de um sonho de fazer vinho de autor, numa vinícola referência. Aí, virou hotel com decoração ao estilo rústico-chique (bem chique), cercado de vinhedos, pastos, enfim, de uma paisagem maravilhosa. É o tipo do lugar que a gente chega e não quer sair.

BAIRRADA

Comer o leitão da Bairrada❶ é o clássico indefectível. Afinal, o bichinho é abatido bem novo, o que mantém a sua carne tenra e suave. Depois é temperado com uma mistura de azeite, sal e pimenta e assado em altíssima temperatura. Então sai do forno e toma um banho de água gelada, o que faz a pele do leitãozinho pururucar, como se recebesse óleo quente. Então, volta rapidamente para o calor, antes de seguir para a mesa, servido com o molho com o qual foi temperado, batatas fritas e uma saladinha (embora ninguém dê bola para ela).

Agora, imagine tudo isso com uma taça dos excelentes espumantes produzidos na região. Para melhorar, coloque-se sentado à mesa num ambiente imponentemente aristocrático, considerado o último palácio dos Reis de Portugal. O hoje **Palace Hotel do Bussaco❷** (*almeidahotels.pt*) é uma mescla de estilos, rica, variada e densa, escolha tradicional da época em que o arquiteto Manini, cenógrafo do Teatro de São Carlos, foi em busca de realizar o sonho romântico de D. Carlos I, que queria um castelo de fadas,

com os erguidos nos picos das montanhas germânicas.

Na região, há outras belas e charmosas pousadas, com o **Curia Palace Hotel**❸ (*almeidahotels.pt*), uma joia dos dourados anos 20 português, que serviu de cenário para o filme O Grande Hotel Budapeste, de Wes Anderson.

O que é instigante na Bairrada é a possibilidade de conviver com um riquíssimo espólio arquitetônico e artístico, além do auge da aristocracia e do luxo, como uma visita na **biblioteca da Universidade de Coimbra**,❹ com seu mobiliário folheado com o ouro que vinha do Brasil-colônia, e também o **Mosteiro Santa Cruz**❺, onde repousa o corpo de D. Afonso Henrique, o primeiro rei de Portugal. Ou o frescor praiano.

Entre as montanhas e o mar, a Bairrada tempera o passeio glorioso do visitante,

com sutilezas como as casinhas coloridas de **Aveiro**❻, melhor apreciadas com uma barrica do **Café A Barrica**❼ (*R. João Mendonça, 25, Aveiro*) com famosos ovos moles, como se come por ali, fresquíssimos. Vale dizer que os bons mesmo são os feitos na hora. Com o tempo, o doce cristaliza e perde uma acidez sutil, que faz toda a diferença.

De volta ao leitão, o **Pedro dos Leitões** ❽(*Rua Álvaro Pedro, 1. Mealhada*) é a melhor pedida para comer o prato regional. Ele é enorme, parece uma churrascaria (muito confortável), com um serviço impecável na arte de restauração.

O **Restaurante Nacional**❾ (*R. Mario Pais, 12, Coimbra*) é outra referência local, num edifício antigo na zona histórica de Coimbra, muito famoso pela cozinha típica servida ali – os pratos de bacalhau são inesquecíveis. Vamos ousar? Não saia da Bairrada sem comer a caldeirada de **Enguias**❿, com suas cores e sabores únicos, e depois caminhar pelas aldeias serranas de Águeda.

8

PEDRO dos LEITÕES
8

8

10
7

9

9

DÃO

Pouco falada mundialmente, Viseu❶, a histórica cidade-jardim, é o ponto de partida para um universo de delícias

Uma viagem ao coração de Portugal, invariavelmente, começa em Viseu, uma cidade que não é pequena (mas também não é grande!), absolutamente encantadora. Uma cidade jardim, veja só! Com intensa vida cultural e nove (sim, nove!) museus realmente bons.

De carro, a chegada é pela majestosa estrada calçada ao estilo romano, de pedras. Aí, é estacionar e seguir à pé. É uma dica, aliás, seguir assim pelo tempo que estiver por aqui. E, perder-se pelas praças e ruazinhas medievais, com uma arquitetura típica e cheia de personalidade. Edifício negros, construídos com o granito da região, contrastam com o lado moderno e sua fachadas brancas.

Para mergulhar num mundo de arte, o **Museu Grão Vasco❷** tem um acervo que vai do Romântico ao Barroco, com peças litúrgicas, de arqueologia, porcelanas e mobiliário notável. Por outro lado, contemporâneo, o **Balsa City❸**, o bairro da Balsa é um grande cenário de arte urbana, com as mais variadas técnicas, num sem fim de obras – muitas fazem referência ao mundo do vinho. Tudo isso misturado com elementos como os gárgulas da Casa das Bocas e janelas em estilo manuelino.

Vamos comer? Se a passagem pela cidade for entre agosto e setembro, a **Feira de São Mateus❹**, a mais antiga da península Ibérica, é um deleite. Mas, claro, há uma boa sorte de restaurantes, como o simples e adorável **Cantinho do Tito❺** (*R. Mario Paes da Costa, 10*), o **Cortiço❻** (com comida confortável com ingredientes perfeitos) e o exótico (para nós, claro)

Clube dos Caçadores❼. Em todos eles, descobrimos, entre outros, os pratos típicos locais. O rancho de Viseu, um cozidão com grão de bico e outros legumes, com galinha, embutidos e carne de boi tem potência e sabor inesquecíveis. Assim como a **vitela à Lafões❽**, feita com a carne tenra do bichinho recém-desmamado, temperada apenas com sal, páprica doce e vinho branco. Com ela vão ao forno à lenha batatas e cebolas. Simples assim, gostoso como pouco se vê.

Há ainda o **arroz de carqueja❾**, feito com frango do campo (melhor ainda com carne de caça), usando sangue avinagrado e cozido no caldo infusionado com ramos de carqueja seca. Para a sobremesa (ou com um cafezinho, a qualquer hora do dia!), o **Viriato❿** é o grande astro local, entre os tantos doces típicos de Viseu. Ele é um tipo de bolo macio recheado com doce de e coberto com uma fina camada de coco ralado. Na forma da letra V, a inicial do nome do grande líder dos lusitanos na batalha contra os romanos, durante a invasão da Península Ibérica. Em cada esquina encontra-se também as castanhas de ovos, apenas com calda de açúcar e gema. Para ir além, o **pastel de feijão⓫** usa

11

amêndoa e feijão branco cozido.

A pequenina e charmosa **Confeitaria Amaral** 12 (*Rua Alexandre Lobo, 52*) é um bom lugar para comer todos eles.

Com tantas atrações, há de se imaginar que Viseu tenha uma boa sorte de hotéis. Sim, tem mesmo. Nenhum, no entanto, como charmoso o **Palácio do Melos** 13, no centro histórico. Junto aos principais monumentos da cidade, ele tem terraços magníficos na sua arquitetura medieval.

Nos arredores de Viseu, além de um sem número de vinícolas, na chamada Borgonha portuguesa, há atividades ao ar livre, especialmente trilhas e banhos de rio, em lindas praias fluviais. Para encontrá-las, basta seguir para a **Serra do Caramulo** 14, o local com o ar mais puro da Europa, a poucos quilômetros da cidade. Lá fica também as **Termas de Sangemil** 15 (*termasdesangemil.cm-tondela.pt*), com um tipo de água única, usada nos mais diversos tipos de tratamento.

15

13

13

14

DOURO

Aqui o roteiro começa pelo fim, onde o rio vai dar no mar. E segue contra a correnteza para revelar um dos destinos mais encantadores de Portugal

No Porto, começamos na parte alta da cidade, no **Mercado Bolhão❶**. Cheio de personalidade, o lugar é ótimo para conhecer os produtos que os portugueses consomem, longe do burburinho turístico. Aqui tem produtos frescos, de pescados a carnes, incluindo animais vivos; temperos, conservas, queijos, curados e embutidos. Difícil sair de mãos vazias. Ladeira abaixo, seguimos ao Cais da Ribeira e, no caminho, vale uma olhadela na estação de trens **São Bento❷**, com belos painéis de azulejos.

1

4

Então, chegando às margens do rio Douro há passeios nos tradicionais **barcos rabelo❸** por ele (bonito, mas bem turístico). Vamos para o Douro? No caminho, de carro, a primeira parada é em **Amarante❹**, especialmente no **hotel Casa da Calçada** (*casadacalcada.com*), um dos melhores de Portugal, com restaurante afamados por suas estrelas Michelin, o Largo do Paço. Na cidade, há uma bela

2

coleção de igrejas e prédios templários.

Mais à frente, fica o **Peso da Régua**❺ (ou apenas Régua), cidade ribeirinha de onde vemos de camarote a famosa paisagem dos socalcos, onde crescem as videiras. Aqui estão a Companhia Geral das Vinhas do Alto Douro e o Instituto dos Vinhos do Douro e do Porto, além do Solar do Vinho do Porto, onde acontecem provas, cursos e palestras sobre a bebida, além de muitas quintas que as produzem. Na **Quinta da Pacheca** ❻ (*quintadapacheca.com*) fica um dos melhores restaurantes da região, com comida portuguesa refinada, muito adequada para os vinhos daqui.

A cidade é marcada pela **The Vintage House**❼ (*thevintagehousehotel.com*), hotel elegante, de frente para o rio Douro. Outro destaque é o Quinta do Sinval (quintadosinval.pt), uma casa rural aconchegante com vista para os vinhedos. Com ótimo restaurante: e tome pataniscas de bacalhau, sardinhas assadas, polvo à lagareiro, leitão da Bairrada e outros clássicos portugueses. Mais

imponente do que todos eles, A **Quinta da Romaneira** ❽ (*quintadaromaneira.pt*) é um dos hotéis mais espetaculares da Europa, com instalações preciosas, como a piscina com borda infinita sobre o leito do Douro.

Enfim, chegamos a Vila Nova de Foz Côa, famosa pelos embutidos e curados artesanais feitos por aqui. Não raro, eles levam partes que não são consumidas das carnes de caça também célebres na região. Nos arredores, aliás, fica a Barragem da Valeira, ponto dos mais visitados. Ela doma as águas nervosas que corriam por ali, responsáveis por consumir o Barão James Forrester, figura lendária na história do Vinho do Porto.

Para terminar, duas barbadas, como se diz no turfe: **o Mirante de São João da Pesqueira** ❾, com uma das mais lindas visões do Douro e a **Casa Vermelha** ❿ (*casavermelha.com*), com um lindo jardim e instalações gostosas, para sonharmos com tudo o que já vivemos por aqui.

E para comer, não vai nada? Vai e com o maior estilo num dos restaurantes mais encantadores e elegantes de toda Portugal. O **Antiqvvm** ⓫ (*antiqvvm.pt*) é comandado pelo talentoso chef Vitor Matos, num ambiente secular com mobiliário moderno e chique. Ele diz que não gosta de "fazer comida" mas de "fazer cozinha". No caso, a mediterrânea com técnicas inovadoras que incrementam sabores conhecidos e amigáveis, numa receita que não tem erro.

Estamos falando de alta gastronomia de qualidade, do começo ao fim da experiência. A visita é obrigatória. Vale a pena planejar e reservar.

Ainda no Porto, outro chef que é preciso conhecer é o **Pedro Lemos**, ⓬ uma estrela Michelin. O seu restaurante tem o nome dele, o que parece justo, justíssimo. Afinal, a cozinha do Pedro tem assinatura própria, com um viés contemporâneo, apresentada em menus degustações que mudam dia após dia. Os novos pratos foram criados numa imersão que ele fez durante a pandemia. Agora, envolve os seus comensais com ideias pouco usuais, acompanhadas de cursos harmonizados com vinhos das mais variadas regiões de Portugal. Além da comida, é necessário também falar do lugar. O restaurante no bairro da Foz é muito acolhedor, numa casa de pedra restaurada, tombada como patrimônio cultural. No interior dele, as paredes num turquesa-acinzentado dão um ar inusitado como o que vai para as mesas. Os vegetais cultivados no rooftop, por exemplo, têm um sabor mineral inigualável, por causa da proximidade do mar. Para citar o restante, melhor reproduzir a frase do chef que define o seu trabalho: "Se sinto que não me adapto a esse mundo, é porque nasci para criar o meu".

10

11

11

9

8

DICAS DE VIAGENS

LISBOA

A capital portuguesa, mais do que nunca, reúne tradição e novidades antenadíssimas. Virou destino para descolados do mundo todo.

Como Lisboa é uma dessas capitais deliciosas que todo viajante, sabemos, vai mais de uma vez, não faz sentido olhar para ela pelo viés turístico tradicional – porque, afinal de contas, a imponente estátua do D. Pedro IV não vai sair do centro do Largo do Rossio – salvo extraordinário caso.

Vamos saltar os olhos, então, para uma Lisboa dos insiders e também mais moderna, com novidades (nem tão novas assim) com a "descolandia" **LX Factory** ❶ (*R. Rodrigues Faria, 103*), a Disneylândia dos descolados.

Colada ao Tejo, a ex-fábrica ganhou um sem fim de lojinhas, bares e cafés transados, para um passeio de tarde/noite inteira. Ao pôr do sol, dê um pulinho no rooftop Rio Maravilha, deleite-se com o belo visual dali, regado a um dos drinques autorais servidos no lugar.

Ainda no clima dos descolados, o bairro deles, hoje, em Lisboa é o Príncipe Real, com vários restaurantes e lojas legais.

Bater perna por ali é uma delícia, gostoso como os pratos de **A Cevicheria**❷ (*R. Dom Pedro V, 129*), basicamente um grande balcão de mármore branco com um enorme lustre em forma de polvo, sobre ele. Do cardápio além do prato de origem peruana há tantos outros com influências portuguesa e asiática. Ainda no mesmo bairro, o **Mirante S. Pedro de Alcântara**❸ tem um ar bucólico e, ora pois, uma vista daquela lá de cima.

Aos pontos clássicos, mas nem sempre nos roteiros: o Palácio dos Marqueses da Fronteira (Largo São Domingos de Benfica, 1), de 1671, é deslumbrante, com arquitetura e detalhes inesquecíveis; o **Museu do Azulejo**❹ (*R. Me. Deus, 4*) é algo fora da curva. Não só mostra peças raras, mas conta a história desse ícone português; o **Museu Nacional do Coches**❺ (*Av. da Índia, 136*) é um barato: nele estão carruagens de toda sorte, a maior parte delas usadas pela aristocracia e realeza lisboeta. Pertinho dele, dando um salto no tempo, o **Museu Maat**❻ (*Av. Brasília, 1300*) mistura

arte, arquitetura e tecnologia; logo ali também, a **Fundação Champalimaud** ❼ (*Av. Brasília, 1400*), de um colecionador milionário, fica num prédio deslumbrante às margens do Tejo. Dentro dele, um acervo de, digamos, não se jogar fora.

Quer comer peixe? Vamos para cervejaria! Oi? Sim, de os anos 1950, a **Cervejaria Ramiro** ❽ (*cervejariaramiro.com*) serve os melhores pescados e, principalmente, os melhores frutos do mar de Lisboa. O lendário Anthony Bourdain adorava e falou tanto daqui que não raro há distribuição de senhas para a fila na porta. A espera, no entanto, vale cada segundo. No ambiente que não mudou desde a inauguração (imagine o charme!), os garçons atenciosos servem perceves, amêijoadas, lagosta que você escolhe num aquário, e um oceano de bichos que não comemos por aqui. Tudo preparado à perfeição. Claro, serve-se cerveja, mas

a carta de vinhos não é de se jogar fora.

Da tradição para badalação, pergunte a um lisboeta qual é o restaurante mais descolado da cidade e a resposta será unânime: **Ceia** 9 (*silentliving.pt*). Aqui, apenas 14 comensais por noite jantam em clima de festa, numa mesa compartilhada. Não, não há qualquer esnobismo ou afetação. Tudo começa num coquetel no jardim e depois, não raro, os novos-amigos-da-vida-toda estão de pé, circulando pelo local e trocando de lugar. O motivo de tanta alegria é a comida do chef Pedro Pena Bastos, no estilo português revisitado, em quantos cursos o pessoal aguentar.

Mais um destaque em Lisboa é o **Alma** 10 (*almalisboa.pt*), do Henrique Sá Pessoa, um dos chef mais queridos de Portugal. É assim que ele fala da cozinha dele: “Uma mistura da tradição portuguesa influenciada pelas suas viagens pelo mundo, aliada a vida em Lisboa”. Olha, parece confuso mas fascinante. Não à toa, ele tem duas estrelas Michelin. Vir até aqui, afinal, é entender uma Portugal moderna e vibrante, literalmente, pela boca.

OS MELHORES

Portugal tem um área de cerca de 190 mil hectares sob vinhas, o que representa menos de 3% dos vinhedos cultivados no mundo

Quinta do Vale Meão, no Douro

MELHORES DO ANO

Melhor Tinto

QUINTA DO VALE MEÃO 2015

QUINTA DO VALE MEÃO, DOURO | MISTRAL

(PAG. 234)

Impressiona pela nitidez de fruta e pela precisão do conjunto. Alia com maestria concentração, potência e finesse.

Destaques Tintos

M.O.B. GAUVÉ TINTO 2015
M.O.B. , DÃO | ADEGA ALENTEJANA
(PAG. 170)

QUINTA DA MANOELLA VINHAS VELHAS TINTO 2018
WINE & SOUL, DOURO | ADEGA ALENTEJANA
(PAG. 269)

QUINTA DO CRASTO VINHA MARIA TERESA 2015
QUINTA DO CRASTO, DOURO | QUALIMPOR
(PAG. 221)

Melhor Branco

POEIRA BRANCO 2017
QUINTA DO POEIRA,
DOURO | ADEGA ALENTEJANA
(PAG. 232)

Tem a virtude dos grandes vinhos de mostrar sutileza e delicadeza em perfeita harmonia com força e intensidade.

Destaques Brancos

BUÇACO RESERVADO BRANCO 2016
PALÁCIO DO BUÇACO, BAIRRADA | MISTRAL
(PAG. 182)

COVELA FANTÁSTICO BRANCO 2015
QUINTA DE COVELA, MINHO | WINEBRANDS
(PAG. 211)

MARITÁVORA Nº1 GRANDE RESERVA BRANCO 2019
QUINTA DE MARITÁVORA, DOURO | WINE & CO.
(PAG. 215)

PALÁCIO DA BREJOEIRA ALVARINHO 2019
PALÁCIO DA BREJOEIRA, MINHO | VINCI
(PAG. 181)

QUINTA DO MONTE D'OIRO RESERVA BRANCO 2017
QUINTA DO MONTE D'OIRO, LISBOA | MISTRAL
(PAG. 226)

SANTIAGO NA ÂNFORA DO ROCIM ALVARINHO 2018
HERDADE DO ROCIM, MINHO | WORLD WINE
(PAG. 156)

Melhor Espumante

CARTUXA BRUTO 2013

FUNDAÇÃO EUGÉNIO DE ALMEIDA - CARTUXA, ALENTEJO | ADEGA ALENTEJANA

(PAG. 144)

Fluido, cremoso e muito gostoso de beber, chama atenção pelo equilíbrio e pela profundidade.

Melhor Rosé

BUÇACO RESERVADO ROSÉ 2017

PALÁCIO DO BUÇACO, BAIRRADA | MISTRAL

(PAG. 183)

Tenso e vibrante, alia concentração e verticalidade. Diferente, inusitado, mas acima de tudo um grande vinho.

Melhor Fortificado

TAYLOR'S VINTAGE PORT 2017

TAYLOR'S, DOURO | QUALIMPOR

(PAG. 254)

Mostra ameixas e cassis envolvendo suas notas de violetas e de especiarias doces. Impressiona pelos taninos granulados e de ótima textura e pela acidez pulsante.

Os solos na região do Alentejo possuem uma grande diversidade entre o xisto, argila, mármore, granito e calcário, e o clima é bastante quente e seco

MELHORES POR REGIÃO

Melhor Alentejo

PROCURA TINTO 2015

SUSANA ESTEBAN | ADEGA ALENTEJANA

(PAG. 248)

Denso e austero, consegue ter concentração e nitidez de fruta em conjunto com fluidez e frescor.

Destaques Alentejo

BLOG ALICANTE BOUSCHET SYRAH 2016

TIAGO CABAÇO WINERY | ADEGA ALENTEJANA

(PAG. 257)

MOUCHÃO TINTO 2014

MOUCHÃO | ADEGA ALENTEJANA

(PAG. 178)

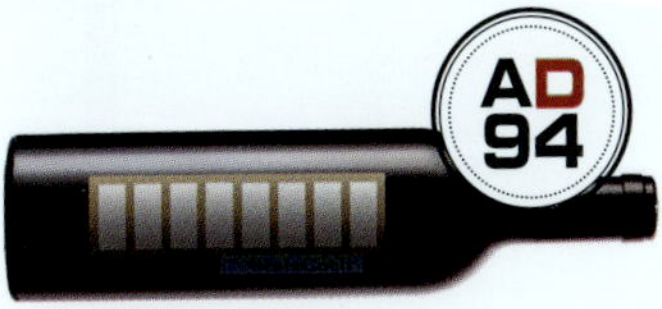

SCALA COELI 2017

FUNDAÇÃO EUGÊNIO DE ALMEIDA - CARTUXA | ADEGA ALENTEJANA

(PAG. 144)

TAPADA DO CHAVES VINHAS VELHAS TINTO 2013

TAPADA DO CHAVES | ADEGA ALENTEJANA

(PAG. 253)

Melhor Bairrada

BUÇACO RESERVADO TINTO 2015
PALÁCIO DO BUÇACO | MISTRAL
(PAG. 182)

Impressiona pelos taninos firmes, tensos e de grãos finos e pela acidez vibrante, que aportam fluidez e verticalidade ao vinho.

Melhor Bairrada

QUINTA DO RIBEIRINHO PÉ FRANCO BAGA 2013
LUIS PATO | MISTRAL
(PAG. 167)

Um vinho introspectivo, cheio de nuances de sabores, que vão aparecendo pouco a pouco, convidando sempre a mais um gole.

A casta branca predominante na Bairrada é a Fernão Pires (denominada Maria Gomes na região), logo seguida por Arinto, Bical, Cercial e Rabo de Ovelha

Destaques Bairrada

BUÇACO RESERVADO BRANCO 2016
PALÁCIO DO BUÇACO | MISTRAL
(PAG. 182)

BUÇACO RESERVADO ROSÉ 2017
PALÁCIO DO BUÇACO | MISTRAL
(PAG. 183)

Melhor Dão

M.O.B. GAUVÉ TINTO 2015
M.O.B. | ADEGA ALENTEJANA
(PAG. 170)

Impressiona pela concentração e nitidez de sua fruta vermelha e negra, mostrada em harmonia com tensão de taninos e de acidez.

Destaques Dão

QUINTA DA FALORCA GARRAFEIRA OLD VINES 2015
QUINTA DA FALORCA | WORLD WINE
(PAG. 198)

QUINTA DA PELLADA TINTO 2015
QUINTA DA PELLADA | MISTRAL
(PAG. 201)

RIBEIRO SANTO VINHA DA NEVE TINTO 2014
MAGNUM VINHOS | WINEBRANDS
(PAG. 171)

Melhor Douro

QUINTA DO VALE MEÃO 2015
QUINTA DO VALE MEÃO | MISTRAL
(PAG. 234)

Impressiona pela nitidez de fruta e pela precisão do conjunto. Alia com maestria concentração, potência e finesse.

Destaques Douro

QUINTA DA MANOELLA VINHAS VELHAS TINTO 2018
WINE & SOUL | ADEGA ALENTEJANA
(PAG. 269)

QUINTA DO CRASTO VINHA MARIA TERESA 2015
QUINTA DO CRASTO | QUALIMPOR
(PAG. 221)

Destaques Douro

CHRYSEIA 2016
CHRYSEIA | MISTRAL
(PAG. 134)

MONTE MEÃO VINHA DOS NOVOS 2016
QUINTA DO VALE MEÃO | MISTRAL
(PAG. 235)

PINTAS TINTO 2018
WINE & SOUL | ADEGA ALENTEJANA
(PAG. 269)

POEIRA BRANCO 2017
QUINTA DO POEIRA | ADEGA ALENTEJANA
(PAG. 232)

POEIRA TINTO 2016
QUINTA DO POEIRA | ADEGA ALENTEJANA
(PAG. 233)

QUINTA DO CRASTO
TOURIGA FRANCA 2016
QUINTA DO CRASTO | QUALIMPOR
(PAG. 221)

QUINTA DO CRASTO
TOURIGA NACIONAL 2017
QUINTA DO CRASTO | QUALIMPOR
(PAG. 221)

QUINTA DO CRASTO
VINHA DA PONTE 2012
QUINTA DO CRASTO | QUALIMPOR
(PAG. 222)

Destaques Douro

BELA LUZ VINHAS VELHAS 2017
HERDADE DO ROCIM | WORLD WINE
(PAG. 156)

CARM CM 2017
CARM | WORLD WINE
(PAG. 120)

MARITÁVORA Nº1 GRANDE RESERVA BRANCO 2019
QUINTA DE MARITÁVORA | WINE & CO.
(PAG. 215)

MONTE MEÃO CASA DAS MÁQUINAS 2017
QUINTA DO VALE MEÃO | MISTRAL
(PAG. 235)

PINTAS CHARACTER TINTO 2018
WINE & SOUL | ADEGA ALENTEJANA
(PAG. 269)

PÓ DE POEIRA TINTO 2018
QUINTA DO POEIRA | ADEGA ALENTEJANA
(PAG. 233)

QUINTA DO NOVAL RESERVA 2017
QUINTA DO NOVAL | ADEGA ALENTEJANA
(PAG. 228)

QUINTA DOS MURÇAS MARGEM 2018
QUINTA DOS MURÇAS | QUALIMPOR
(PAG. 238)

Melhor Lisboa

CH BY CHOCAPALHA TINTO 2017

QUINTA DE CHOCAPALHA | ADEGA ALENTEJANA
(PAG. 209)

Preciso, nítido e refinado, tem final cheio e longo, com toques de grafite.

Destaques Lisboa

QUINTA DO MONTE D'OIRO RESERVA BRANCO 2017

QUINTA DO MONTE D'OIRO | MISTRAL
(PAG. 226)

QUINTA DO MONTE D'OIRO RESERVA TINTO 2015

QUINTA DO MONTE D'OIRO | MISTRAL
(PAG. 227)

Sala de barricas da Quinta do Monte d'Oiro

Melhor Madeira

AD 94

BLANDY'S 15 YEARS OLD RICH MALMSEY
BLANDY'S | MISTRAL
(PAG. 119)

Um ótimo exemplo do estilo rich, mostra excelente equilíbrio entre sua acidez vibrante e sua doçura, tudo envolto por frutos secos e em compota.

Melhor Minho

AD 94

COVELA FANTÁSTICO BRANCO 2015
QUINTA DE COVELA | WINEBRANDS
(PAG. 211)

Mostra concentração e opulência em harmonia com finesse e verticalidade.

Melhor Minho

AD 94

PALÁCIO DA BREJOEIRA ALVARINHO 2019
PALÁCIO DA BREJOEIRA | VINCI
(PAG. 181)

Cheio de tipicidade, mostra pêssegos e peras escoltados por notas florais, de ervas e de frutos secos.

Melhor Minho

SANTIAGO NA ÂNFORA DO ROCIM ALVARINHO 2018
HERDADE DO ROCIM | WORLD WINE
(PAG. 156)

Tenso e vibrante, mostra notas florais, de ervas, de especiarias doces e da passagem pela ânfora.

Melhor Porto

TAYLOR'S VINTAGE PORT 2017
TAYLOR'S | QUALIMPOR
(PAG. 254)

Mostra ameixas e cassis envolvendo suas notas de violetas e de especiarias doces. Impressiona pelos taninos granulados e de ótima textura e pela acidez pulsante.

Destaques Porto

QUINTA DO VALE MEÃO VINTAGE PORT 2018
QUINTA DO VALE MEÃO | MISTRAL
(PAG. 235)

GRAHAM'S QUINTA DOS MALVEDOS VINTAGE PORT 2008
GRAHAM'S | MISTRAL
(PAG. 146)

KROHN PORTO COLHEITA 2003
WIESE & KROHN | WORLD WINE
(PAG. 267)

RAMOS PINTO VINTAGE PORT 2017
ADRIANO RAMOS PINTO | ÉPICE
(PAG. 114)

OS VINHOS

ADEGA DE BORBA

Região: **Alentejo**
Enólogo: **Oscar Gato**
Site: www.adegaborba.pt
Enoturismo: Sim
Importadora: Adega Alentejana

Fundada em 1955, a Adega Cooperativa de Borba teve um papel importante para a ascensão do setor vitivinícola na economia regional, em uma época em que a região do Alentejo estava voltada principalmente para a cultura de cereais. Atualmente, a Adega de Borba reúne 270 viticultores associados, que cultivam cerca de 2.200 hectares de vinhas, distribuídos aproximadamente em 70% de castas tintas e 30% de castas brancas.

AD 92

Adega de Borba Rótulo de Cortiça Reserva Tinto 2018

TINTO ALENTEJO **$$$$**

Preciso e refinado, chama atenção pelos taninos de ótima textura e pela refrescante acidez, que envolvem sua fruta vermelha madura no ponto certo. Gostoso de beber, tem final persistente e untuoso, com toques terrosos, de ervas e de especiarias doces, que convidam a uma segunda taça.

AD 91

Talhas de Borba Vinho de Talha 2018

TINTO ALENTEJO **$$$**

Alia tensão de taninos com madurez de fruta vermelha, trazendo volume de boca e profundidade. A acidez vibrante aporta fluidez para esse tinto persistente e carnudo, repleto de notas terrosas, de ervas e de especiarias doces.

AD 90

Adega de Borba Aragonez Trincadeira Alicante Bouschet 2019

TINTO ALENTEJO **$$**

Fluido, tenso e cativante, tem vibrante acidez e taninos firmes e arenosos, que envolvem sua fruta, lembrando ameixas e amoras. Gostoso de beber e de perfil gastronômico, tem final persistente, com toques terrosos e de alcaçuz, que pedem a companhia de embutidos.

AD 89

Adega de Borba Roupeiro Arinto Antão Vaz 2018

BRANCO ALENTEJO **$$**

Mostra pêssegos e maçãs acompanhados de notas florais e de ervas, que aparecem tanto no nariz quanto na boca. Tem acidez refrescante e textura firme e cremosa, que aportam equilíbrio ao seu perfil de maior madurez de fruta. Tem final médio/longo, com toques cítricos e salinos.

AD 89

Convento da Vila Tinto 2018

TINTO ALENTEJO **$$**

Tinto composto a partir Touriga Franca, Castelão, Trincadeira e Aragonez, sem passagem por madeira. Versátil e cativante, mostra ameixas e morangos acompanhados de notas florais, de ervas e de especiarias doces, que aparecem tanto no nariz quanto na boca. De corpo médio e de perfil gastronômico, tem ótima acidez, taninos de boa textura e final gostoso, que pede a companhia de embutidos ou de carnes vermelhas ensopadas.

ADEGA DE CANTANHEDE

Regiões:
Bairrada e Beira Atlântico
Enólogo:
Osvaldo Amado
Site: www.cantanhede.com/pt/
Enoturismo: Sim
Importadoras: Domno; - S&P Importadora; - Castas Importadora; - Makro; - DecMinas; - Supermercado Bahamas; - Supermercados Zona Sul; - Bramil; - Massimex; - Rigarr; - Cencosud; - Barcelos; - Supermercados Mundial; - Rocchetto

Fundada em 1954, por um conjunto de 100 viticultores, a Adega de Cantanhede conta hoje com 500 associados. A empresa é um dos maiores produtores da Bairrada, representando cerca de 40% da produção total da região. Com um portfólio amplo e versátil, a vinícola dedica-se às castas tradicionais portuguesas, como Baga, Bical, Maria Gomes, Touriga Nacional, Aragonez e Arinto.

AD 92

Conde de Cantanhede Grande Reserva Branco 2015

BRANCO BAIRRADA **$$$**

Estruturado e repleto de frutas brancas e de caroço maduras, tem ótima acidez e textura firme, que trazem equilíbrio ao conjunto e fluidez ao vinho. Tem final persistente e cremoso, com toques florais, de pêssegos e de especiarias doces. Para as carnes brancas mais gordurosas.

AD 91

Conde de Cantanhede Grande Reserva Tinto 2013

TINTO BAIRRADA **$$$**

Complexo nos aromas e nos sabores, mostra notas florais, de ervas e de especiarias permeando sua fruta vermelha, lembrando ameixas e groselhas. Macio e gostoso de beber, tem taninos finos, acidez refrescante e final persistente e suculento, com toques terrosos.

AD 91 | **Marquês de Marialva Blanc de Noirs Baga Cuvée Bruto 2014**

ESPUMANTE BAIRRADA **$$$**

Cativante em seu perfil mais vinoso e estruturado, é repleto de frutas brancas maduras acompanhadas de notas florais, de padaria e de especiarias. Tem bom volume de boca, textura firme e cremosa e final cheio e persistente, com toques cítricos, salinos e de frutos secos.

AD 91 | **Marquês de Marialva Grande Reserva Branco 2014**

BRANCO BAIRRADA **$$$**

No melhor estilo velha escola, mostra frutas brancas e de caroço maduras e em compota, seguidas de notas florais, de especiarias doces, de frutos secos e de mel. Untuoso, tem acidez na medida, textura firme e final cheio e persistente, confirmando o nariz.

AD 91 | **Marquês de Marialva Reserva Baga 2015**

TINTO BAIRRADA **$$$**

A Baga é apresentada aqui de modo domado, mostrando perfil de frutas vermelhas mais maduras, sustentadas por taninos de ótima textura e vibrante acidez. De corpo médio, tem final persistente, com toques terrosos, de ervas secas e de especiarias doces.

AD 91 | **Villa Rosa Grande Reserva Branco 2014**

BRANCO BAIRRADA **$$$**

Elaborado exclusivamente a partir de Arinto, esse branco já mostra positivos sinais de evolução, como notas de querosene, de mel e de frutas maduras e secas, mas com textura firme e acidez refrescante, que aportam sustentação e profundidade ao conjunto. Para as carnes de porco em geral.

>>

AD 91

Villa Rosa Grande Reserva Tinto 2013

TINTO | BAIRRADA | $$$

De perfil gastronômico, tem vibrante acidez e taninos firmes e granulados, que trazem equilíbrio a sua fruta e ao aporte de madeira. Cheio e persistente, tem final com toques terrosos, especiados e de ameixas, que pedem a companhia de carnes vermelhas mais gordurosas.

AD 90

Da Pipa Reserva Branco 2020

BRANCO | BEIRA ATLÂNTICO | $$

De boa tipicidade, mostra frutas brancas e de caroço de perfil mais fresco permeadas por notas florais e de ervas. Franco nos aromas e nos sabores, tem final agradável, com toques salinos e de limão siciliano.

AD 90

Da Pipa Reserva Tinto 2018

TINTO | BEIRA ATLÂNTICO | $$

Redondo e perfeito para a mesa, mostra frutas vermelhas e negras de perfil mais maduro seguidas de notas florais, terrosas, de ervas secas e de especiarias doces, tudo sustentado por taninos firmes e granulados, acidez refrescante e final persistente, com toques de couro e de ameixas. Para as carnes vermelhas ensopadas.

AD 90

Da Pipa Signature Baga 2017

TINTO | BAIRRADA | $$

Esse 100% Baga estruturado e suculento, mostra ameixas e amoras maduras acompanhadas de notas florais, terrosas, especiadas e de ervas. Tem taninos de ótima textura e final persistente, confirmando o nariz.

AD 90

Marquês de Marialva Bical & Arinto Reserva Bruto 2014

ESPUMANTE BAIRRADA $$$

Fresco, cremoso e muito frutado, tem acidez vibrante e textura firme, que trazem equilíbrio ao seu perfil brut de maior sensação de dulçor. Tem final persistente, com toques de padaria, de pêssegos e de frutos secos.

AD 90

Marquês de Marialva Grande Reserva Tinto 2011

TINTO BAIRRADA $$$$

Opulento e estruturado, esbanja frutas vermelhas de perfil mais maduro, equilibradas por taninos firmes e refrescante acidez. A madeira, por enquanto, quer aparecer mais do que deveria. Tem final suculento e persistente, com toques tostados, de ameixas e de chocolate.

AD 90

Marquês de Marialva Reserva Arinto 2017

BRANCO BAIRRADA $$$

Mostra frutas brancas e de caroço de perfil mais maduro, equilibradas por refrescante acidez e textura firme e cremosa. Tem final cheio, com toques florais, de pêssegos e de frutos secos.

AD 90

Marquês de Marialva Reserva Bical 2018

BRANCO BAIRRADA $$$

De boa tipicidade, chama atenção pela textura firme, que traz sustentação a sua fruta de caroço madura e fluidez ao vinho, tudo envolto por vibrante acidez. Tem final persistente, com toques de pêssegos e de umami.

>>

AD 90

Villa Rosa Reserva Branco 2017

BRANCO | BAIRRADA | $$$

Chama atenção pela acidez elétrica e pela textura firme e cremosa, que envolve sua fruta lembrando pêssegos e maçãs. Tem final médio/longo, com toques cítricos e salinos, que pedem a companhia de peixes brancos grelhados.

AD 89

Colinas de Ançã Colheita Selecionada Tinto 2016

TINTO | BAIRRADA | $$

No melhor estilo gastronômico e de velha escola, mostra frutas vermelhas maduras seguidas de notas florais e de especiarias doces, com taninos aveludados e acidez na medida, que aportam equilíbrio ao conjunto. Gostoso em sua rusticidade, pede a companhia de carnes vermelhas ensopadas.

AD 89

Colinas de Ançã Reserva Baga 2014

TINTO | BAIRRADA | $$

Apresenta a variedade de forma acessível e frutada, com taninos arenosos e refrescante acidez, que pedem a companhia de carnes vermelhas assadas ou ensopadas.

AD 89

Da Pipa Signature Arinto 2019

BRANCO | BAIRRADA | $$

Fresco e gostoso de beber, esbanja frutas brancas e de caroço equilibradas por refrescante acidez e textura cremosa. Tem final agradável, com toques cítricos, que convidam a uma segunda taça.

AD 89

Marquês de Marialva Colheita Selecionada Branco 2019

BRANCO | BAIRRADA | $$

Mostra frutas brancas e de caroço acompanhadas de notas florais e de ervas, que se confirmam no palato. Refrescante e fácil de agradar, tem ótima acidez, textura cremosa e final médio, com toques salinos e cítricos. Para o aperitivo.

AD 89

Moinho de Sula Reserva Tinto 2014

TINTO | BEIRA ATLÂNTICO | $$

Fluido, agradável e ideal para a mesa, tem acidez refrescante e taninos firmes, que envolvem sua fruta vermelha madura. Tem final médio/longo, com toques terrosos, especiados e de ervas secas.

AD 89

Praça dos Marqueses Reserva Tinto 2016

TINTO | BEIRA ATLÂNTICO | $

Cativante, tem acidez refrescante e taninos firmes e de boa textura, que sustentam sua fruta vermelha de perfil mais maduro. Gastronômico, tem final suculento, com toques terrosos e especiados, que pedem a companhia de carnes vermelhas cozidas.

AD 89

Tapadas da Penna Premium Rosé 2019

ROSÉ | BEIRA ATLÂNTICO | $$

Rosado elaborado exclusivamente a partir de Baga, sem passagem por madeira. Tenso e vibrante, tem textura firme e acidez refrescante, que envolvem e equilibram sua fruta vermelha e cítrica. Tem final cativante, com toques salinos, de morangos e de limão siciliano, que convidam a uma segunda taça.

>>

AD 89

Tapadas da Penna Premium Tinto 2018

TINTO | BEIRA ATLÂNTICO | $$

Tinto composto de 50% Baga, 30% Touriga Nacional e 20% Castelão, sem passagem por madeira. Mostra frutas vermelhas frescas seguidas de notas terrosas, florais, de erva secas e de especiarias, que aparecem tanto no nariz quanto na boca. Gostoso em sua rusticidade, tem vibrante acidez e taninos marcantes, que pedem uma tábua de embutidos para escotá-lo.

AD 89

Villa Rosa Colheita Selecionada Rosé 2020

ROSÉ | BAIRRADA | $$

Fresco e gostoso de beber, esbanja frutas vermelhas e brancas escoltadas por vibrante acidez e textura firme e cremosa. Tem final cativante, com toques cítricos e de morangos, que convidam a uma segunda taça.

AD 89

Villa Rosa Reserva Tinto 2014

TINTO | BAIRRADA | $$$

De boa tipicidade e de perfil gastronômico, tem os taninos firmes e o frescor da variedade, emoldurados por muita fruta vermelha madura. Tem final suculento, com toques terrosos, especiados e de ervas secas.

AD 88 — **Colinas de Ançã Blanc de Blancs Bruto**
ESPUMANTE | BEIRA ATLÂNTICO | $$$

AD 88 — **Da Pipa Colheita Selecionada Tinto 2019**
TINTO | BEIRA ATLÂNTICO | $$

AD 88 — **Marquês de Marialva Colheita Selecionada Rosé 2019**
ROSÉ | BAIRRADA | $$

AD 88 — **Marquês de Marialva Colheita Selecionada Tinto 2017**
TINTO | BAIRRADA | $$

AD 88 | **Moinho de Sula Colheita Selecionada Branco 2017**
BRANCO | BEIRA ATLÂNTICO | $

AD 88 | **Moinho de Sula Colheita Selecionada Tinto 2016**
TINTO | BEIRA ATLÂNTICO | $

AD 88 | **Praça dos Marqueses Blanc de Blancs Bruto**
ESPUMANTE | BEIRA ATLÂNTICO | $$

AD 88 | **Praça dos Marqueses Seleção Branco 2018**
BRANCO | BEIRA ATLÂNTICO | $

AD 88 | **Tapadas da Penna Premium Branco 2019**
BRANCO | BEIRA ATLÂNTICO | $$

AD 88 | **Villa Rosa Colheita Selecionada Branco 2017**
ESPUMANTE | BAIRRADA | $$

AD 88 | **Villa Rosa Colheita Selecionada Tinto 2015**
TINTO | BAIRRADA | $$

AD 87 | **Cantanhede Branco**
BRANCO | PORTUGAL | $

AD 87 | **Colinas de Ançã Baga Rosé Bruto**
ESPUMANTE | BEIRA ATLÂNTICO | $$

AD 87 | **Da Pipa Tinto**
TINTO | PORTUGAL | $

AD 87 | **Marquês de Marialva Reserva dos Sócios Tinto Licoroso**
FORTIFICADO | BAIRRADA | $$

AD 87 | **Praça dos Marqueses Baga Rosé Bruto**
ESPUMANTE | BEIRA ATLÂNTICO | $

>>

AD 86 | **Cantanhede Rosé**
ROSÉ | PORTUGAL | $

AD 86 | **Cantanhede Tinto**
TINTO | PORTUGAL | $

AD 86 | **Praça dos Marqueses Rosé**
ROSÉ | PORTUGAL | $

ADEGA DE PORTALEGRE

Região:
Alentejo
Enólogo:
Nuno Mira do Ó
Site: www.adegaportalegre.pt/pt/
Enoturismo: Não
Importadora: Wine & Co.

Fundada em 1954, Adega de Portalegre é um dos importantes produtores da região do Alentejo. A propriedade possui vinhas de mais de 70 anos, situadas entre 600 e 700 metros de altitude, na Serra de São Mamede. O enólogo é o talentoso Nuno Mira do Ó.

AD 91 | **Conventual Arinto Roupeiro Antão Vaz 2019**

BRANCO | ALENTEJO | $$$

Chama atenção pela vibrante acidez e pela textura firme e cremosa, que trazem sustentação a sua fruta de perfil mais maduro, lembrando pêssegos. Tem bom volume de boca e final persistente, com toques salinos e de limão siciliano.

AD 90

Conventual Trincadeira Aragonez Alicante Bouschet 2018

TINTO ALENTEJO **$$$**

Repleto de amoras e de ameixas seguidas de notas florais e de ervas, tem boa acidez e taninos de grãos finos, que aportam fluidez ao vinho. Seu final é carnudo e persistente, pedindo a companhia de carnes vermelhas cozidas.

AD 89

Terras de Baco Arinto Roupeiro Fernão Pires 2019

BRANCO ALENTEJO **$$**

Fluido, mostra frutas brancas e de caroço maduras acompanhadas de notas florais e de ervas, que se confirmam na boca, tudo equilibrado por acidez refrescante e textura cremosa. Para os peixes brancos grelhados.

AD 89

Terras de Baco Trincadeira Aragonez Castelão 2018

TINTO ALENTEJO **$$**

Num perfil de frutas vermelhas e negras mais maduras, possui acidez refrescante e taninos de boa textura, que trazem certo equilíbrio ao conjunto. Tem final cativante e cheio, com toques terrosos e de ameixas.

ADEGA DE REDONDO

Região:
Alentejo
Enóloga:
Mariana Cavaca
Site: www.adegaderedondo.com
Enoturismo: Sim
Importadora: S&P Importadora; - GPA; - DecMinas; - Castas Importadora; - Rocchetto

Localizada no Alentejo, a Adega Cooperativa de Redondo foi fundada em 1956 por 14 viticultores. Hoje, a empresa congrega cerca de 200 produtores (representando mais de 75% da viticultura da sub-região de Redondo) e é uma das maiores adegas cooperativas de Portugal.

AD 89

Real Lavrador Legado Selection Branco 2020

BRANCO | ALENTEJO | $$

Branco composto a partir de Roupeiro, Rabo de Ovelha e Arinto, mostra frutas brancas e de caroço acompanhadas de notas florais e de ervas, tudo equilibrado por acidez refrescante e textura firme e cremosa. Tem final agradável, com toques de lima-da-pérsia. Para o aperitivo.

AD 88 **Albarrada Reserva Tinto 2018**
TINTO | ALENTEJO | $$

AD 88 **AR Colheita Especial Branco 2020**
BRANCO | ALENTEJO | $$

AD 88 **Real Lavrador Legado Branco 2020**
BRANCO | ALENTEJO | $$

AD 88 **Real Lavrador Legado Rosé 2020**
ROSÉ | ALENTEJO | $$

AD 88 | **Real Lavrador Legado Selection Tinto 2019**
TINTO | ALENTEJO | **$$**

AD 87 | **Maré Viva Tinto 2019**
TINTO | ALENTEJO | **$**

AD 87 | **Real Lavrador Legado Tinto 2019**
TINTO | ALENTEJO | **$$**

AD 86 | **AR Colheita Especial Tinto 2019**
TINTO | ALENTEJO | **$$**

ADEGA DE SILGUEIROS

Região:
Dão
Enólogo:
Miguel Oliveira
Site: www.adegasilgueiros.pt
Enoturismo: Não
Importadoras: Adega Alentejana e La Pastina

A Adega Cooperativa de Silgueiros iniciou suas atividades em 1964, dois anos após sua fundação (1962) e atualmente possui cerca de 2.000 sócios. Situada na região de Silgueiros, que pertence ao concelho de Viseu (Dão), a vinícula produz um portfólio composto por vinhos tintos, brancos e rosés, comercializados em garrafas convencionais e em embalagens "bag in box".

»

AD 91

Aldeias das Serras Reserva Tinto 2017

TINTO DÃO **$$$**

Muito bem feito no estilo mais encorpado e de maior madurez de fruta vermelha, mas com refrescante acidez e taninos tensos e de ótima textura, que sustentam o conjunto. Tem final carnudo e persistente, com toques terrosos, de ameixas, de cacau e de grafite. Para as carnes vermelhas ensopadas.

AD 91

Aldeias das Serras Touriga Nacional 2017

TINTO DÃO **$$$**

Apresenta ótima tipicidade, com frutas negras maduras, balsâmico, floral e um toque de especiarias doces. No palato, tem taninos finos, acidez refrescante e final longo, com notas de ameixas escuras e de menta.

AD 90

Morgado de Silgueiros Reserva Tinto 2017

TINTO DÃO **$$$**

Tinto composto a partir de 50% Touriga Nacional, 30% Tinta Roriz e 20% Alfrocheiro, com estágio de 10 meses em barricas de carvalho francês. Apresenta frutas negras e vermelhas acompanhadas de notas florais, de ervas secas e de especiarias doces, que aparecem tanto no nariz quanto na boca. Gastronômico, tem taninos de grãos finos, refrescante acidez e final médio/longo, com toques terrosos e de ameixas, que pedem a companhia de carnes vermelhas assadas.

AD 88 **Aldeias das Serras Regional Tinto 2019**
TINTO | DÃO | **$$**

ADEGA PONTE DA BARCA

Região: **Minho**
Enólogo: **José Oliveira**
Site: adegapontedabarca.pt
Enoturismo: Sim
Importadora: Domno

Constituída em 1963, a Adega Ponte da Barca atualmente possui cerca de 1.000 associados, que abrangem uma área de 1.200 hectares de vinhedos, maioritariamente nos concelhos de Ponte da Barca e Arcos de Valdevez (sub-região do Lima, na Região Demarcada dos Vinhos Verdes). As principais variedades cultivadas são as brancas Loureiro, Arinto, Trajadura e Alvarinho e as tintas Vinhão, Espadeiro e Borraçal.

AD 89 | **Lindeza Reserva Alvarinho 2018**

BRANCO | MINHO | **$$$**

Mostra frutas brancas e de caroço mais maduras acompanhadas de notas florais e de ervas, que aparecem tanto no nariz quanto na boca. De boa tipicidade, tem textura cremosa, acidez na medida e final médio, com toques de peras e de frutos secos.

AD 88 | **Lindeza Escolha do Enólogo Branco**
BRANCO | MINHO | **$$**

AD 88 | **Lindeza Escolha do Enólogo Rosé**
ROSÉ | MINHO | **$$**

AD 88 | **Pardalito Rosé**
ROSÉ | MINHO | **$$**

AD 87 | **Pardalito Branco**
BRANCO | MINHO | **$$**

ADRIANO RAMOS PINTO

Região: **Douro**
Enóloga:
Ana Rosas
Site: www.ramospinto.pt/pt/
Enoturismo: Sim
Importadora: Épice

Adriano Ramos Pinto fundou a empresa de mesmo nome em 1880, quando tinha apenas 21 anos. O jovem visionário expandiu a marca para o mercado brasileiro e, durante muitos anos, o nome Adriano Ramos Pinto foi sinônimo de Vinho do Porto no Brasil. Até hoje, na verdade, muita gente ainda diz que vai beber um "Adriano" ou um "Ramos Pinto", tamanha a ligação que essa empresa criou com o mercado brasileiro desde seu início. Em 1990, a vinícola passou a integrar o Grupo Roederer, da poderosa casa de Champagne Louis Roederer. Atualmente, a Ramos Pinto continua sob a gestão da família que a fundou, tendo como CEO, desde 2016, Jorge Rosas, filho de José Ramos Pinto Rosas, considerado o "Papa do Douro".

AD 94

Ramos Pinto Vintage Port 2017

FORTIFICADO DOURO **$$$$$**

Mostra deliciosa amora no nariz e um toque do campo. Em boca, é equilibrado, com taninos presentes e elegantes, e também com gulosa geleia de morango. O fim de boca confirma seu equilíbrio.

AD 93

Quinta de Ervamoira Vintage Port 2017

FORTIFICADO DOURO **$$$$$**

Nos aromas traz anis e frutas vermelhas. Em boca, tem fruta intensa, pimenta negra, bela textura e muito boa acidez. Os taninos são intensos e vão acompanhar muito bem a evolução por duas décadas.

AD 91

Adriano Porto Reserva

FORTIFICADO	DOURO	$$$

Cheio de frutas vermelhas e negras, tem boa acidez e taninos de boa textura que conferem equilíbrio ao conjunto. Concentrado, tem final cheio e persistente, com toqes de cerejas, de especiarias doces e de chocolate.

AD 91

Duas Quintas Branco 2018

BRANCO	DOURO	$$$

Composto a partir de Arinto, Rabigato e Viosinho, com passagem de 10% do vinho em carvalho. O resultado é um branco fresco e vibrante, com ótima acidez e textura firme e cremosa, que equibram sua fruta branca e de caroço madura. Tem final longo e cheio, com toques de maçãs, de pêssegos e de ervas, que convidam a uma segunda taça.

AD 91

Duas Quintas Tinto 2017

TINTO	DOURO	$$$

Blend de Touriga Nacional, Touriga Franca, Tinta Roriz, Tinta da Barca, Tinta Barroca, Sousão, Tinto Cão e Tinta Amarela, com estágio de 50% do vinho durante de 12 meses, parte em barricas e parte em tonéis de carvalho. Mostra notas de violetas, de ervas e de especiarias doces envolvendo sua fruta lembrando ameixas e amoras. Gastronômico, tem acidez vibrante, taninos firmes e finos e final persistente e carnudo, com toques terrosos e de grafite.

BACALHÔA

Regiões:
Alentejo e Península de Setubal
Enóloga: **Filipa Tomaz da Costa**
Site: www.bacalhoa.pt
Enoturismo: Sim
Importadoras: Épice e Portus Cale

Considerada a mais bela quinta da primeira metade do século XV ainda existente em Portugal, a Quinta da Bacalhôa é uma antiga propriedade da Casa Real Portuguesa. A empresa está presente em importantes regiões vitícolas do país, como Alentejo, Península de Setúbal, Lisboa, Bairrada, Dão e Douro, abrangendo um total de 1.200 hectares de vinhedos e 40 quintas.

AD 93

Quinta do Carmo Tinto 2015

TINTO | ALENTEJO | **$$$$**

Um dos produtores mais tradicionais do Alentejo, a primeira safra desse tinto foi a de 1979. Composto a partir de Aragonês, Alicante Bouschet, Trincadeira e Cabernet Sauvignon, com estágio de 12 meses em barricas de carvalho francês. Chama atenção pelos taninos finos e tensos e pela vibrante acidez, que envolvem sua fruta lembrando ameixas e amoras. Cativante, refinado, fluido e muito gostoso de beber, tem final longo e denso, com toques de alcaçuz, de grafite e de violetas.

AD 92

Bacalhôa Merlot 2016

TINTO | PENÍNSULA DE SETUBAL | **$$$**

Este tinto, chamado e conhecido por Má Partilha até 2011, é elaborado exclusivamente a partir de uvas Merlot cultivadas em solo argilo-calcários, com estágio de 18 meses em barricas novas de carvalho francês. Mostra notas florais, de ervas e de especiarias, que envolvem sua fruta madura lembrando ameixas e amoras. Gastronômico e ainda jovem, tem acidez vibrante e taninos tensos, firmes e de grãos finos, que trazem sustentação ao conjunto e equilíbrio ao aporte de madeira. Está bom agora, mas tem tudo para ficar ainda melhor em 10 anos.

AD 92

Berardo Reserva Familiar Greco di Tufo Alvarinho 2017

BRANCO | PENÍNSULA DE SETUBAL | **$$$$$**

Denso e cremoso, apresenta frutas brancas e de caroço acompanhadas de notas florais, de ervas e de especiarias doces. No palato, tem ótimo volume de boca, vibrante acidez e final cheio e persistente, com toques salinos, cítricos e de frutos secos.

AD 92

Quinta da Bacalhôa Tinto 2016

TINTO | PENÍNSULA DE SETUBAL | **$$$$**

Um verdadeiro clássico, esbanja frutas vermelhas e negras de perfil mais maduro acompanhadas de notas terrosas, de ervas e de especiarias doces, que se confirmam no palato, tudo equilibrado por taninos de ótima textura e vibrante acidez. Tem final carnudo e persistente, com toques de alcaçuz e de grafite. Ainda está jovem e tem tudo para ficar ainda melhor nos próximos 10 anos.

AD 91

Catarina Branco 2019

BRANCO | PENÍNSULA DE SETUBAL | **$$$**

Branco composto a partir de Fernão Pires, Chardonnay e Arinto, mostra notas florais, de ervas e de especiarias doces envolvendo sua fruta branca e de caroço de perfil mais maduro, com sua acidez vibrante e sua textura firme e cremosa trazendo certo equilíbrio ao conjunto. Tem final cheio e persistente, com toques cítricos, salinos e de pêssegos.

»

AD 90

Bacalhôa Moscatel Roxo Rosé 2019

ROSÉ PENÍNSULA DE SETUBAL **$$$**

Rosado seco elaborado exclusivamente a partir de Moscatel Galego Roxo, sem passagem por madeira. Exuberante nos aromas, apresenta notas florais e de ervas frescas envolvendo sua fruta, lembrando maçãs e morangos. No palato, é suculento, tem acidez vibrante, textura firme e final médio/longo, com toques salinos, cítricos e de especiarias brancas.

AD 90

Serras de Azeitão Aragonez Alicante Bouschet 2019

TINTO PENÍNSULA DE SETUBAL **$$**

Fluido e equilibrado, tem acidez refrescante e taninos firmes e de ótima textura, que envolvem sua fruta lembrando ameixas e amoras. Perigosamente fácil de beber, tem final agradável, com toques terrosos, florais, de ervas e de especiarias doces, que pedem a companhia de embutidos.

BLANDY'S

Região:
Madeira
Enólogo:
Francisco Albuquerque
Site: www.blandys.com
Enoturismo: Sim
Importadora: Mistral

Fundada em 1811 por John Blandy, a família Blandy, de todos fundadores originais do comércio de vinhos da Madeira, é a única que ainda administra a própria empresa (são mais de 200 anos na gestão da propriedade). Em 1989, a Blandy's realizou uma parceria, que continua até hoje, com o grupo Symington dando origem à

Madeira Wine Company (MWC). Atualmente, Michael Blandy e Chris Blandy (CEO), sexta e sétima geração da família, estão à frente da MWC.

AD 94 | **Blandy's 15 Years Old Rich Malmsey**

FORTIFICADO | MADEIRA | $$$$$

Um ótimo exemplo do estilo rich, mostra excelente equilíbrio entre sua acidez vibrante e sua doçura, tudo envolto por frutos secos e em compota. Untuoso, profundo e intenso, tem textura firme e cremosa e final longo e denso, com toques salinos, de casca de laranja, de amêndoas, de avelãs, de cacau e de especiarias doces.

AD 93 | **Blandy's 10 Years Old Sercial Dry Madeira**

FORTIFICADO | MADEIRA | $$$$$

Complexo nos aromas e nos sabores, mostra notas florais, de ervas, de especiarias doces e de frutos secos e em compota, com textura firme e cremosa e acidez vibrante trazendo equilíbrio ao conjunto. Tem final persistente e untuoso, com toques cítricos e de amêndoas.

CARM

Região:
Douro
Enólogo:
António Magalhães Ribeiro
Site: www.carm.pt
Enoturismo: Sim
Importadora: World Wine

A Casa Agrícola Roboredo Madeira (CARM) é uma empresa familiar com a atividade agrícola centrada na região do Douro. O grupo »

possui cerca de 220 hectares de olivais e 62 hectares de vinhas, estabelecidas ao redor da aldeia de Almendra, na zona do Douro Superior, dentro da Reserva Arqueológica do Vale do Côa. Atualmente, a CARM é administrada por Filipe Roboredo Madeira e o enólogo, desde 2002, é António Magalhães Ribeiro. Além de CARM, o portfólio do grupo abrange as marcas Vinha da Urze, Vinha do Bispado, Almendra (Family Winery Almendra) e Marquês D'Almeida.

AD 94

CARM CM 2017

TINTO | DOURO | $$$$$

Bom exemplo do estilo denso e estruturado da casa, mostra ótimo equilíbrio entre concentração, potência, frescor e tensão, com seus taninos firmes e de grãos finos e sua refrescante acidez ditando as regras. Tem final cheio, persistente e vertical, com toques de cassis, de ameixas, de violetas e de grafite. Ainda jovem, está ótimo agora, mas tem tudo para ficar ainda melhor nos próximos 20 anos.

AD 93

CARM Maria de Lourdes Tinto 2016

TINTO | DOURO | $$$$$

Potente e concentrado, é sempre consistente nesse perfil opulento e de maior madurez de fruta, mas com taninos finos e firmes e acidez refrescante trazendo fluidez e equilíbrio ao conjunto. Tem final carnudo e persistente, com toques de grafite, de cassis e de alcaçuz.

AD 91

CARM Rabigato 2019

BRANCO | DOURO | $$$

Mostra a linha de maior madurez e concentração dos vinhos da casa, porém equilibrada por textura firme, acidez vibrante e final com toques cítricos e salinos. Para as carnes brancas mais gordurosas.

AD 91

CARM Touriga Nacional Tinta Roriz Touriga Franca 2018

TINTO | DOURO | $$$

Apresenta boa complexidade, com frutas negras maduras, empireumático, floral, cedro e notas terrosas, que se repetem no palato. Tem boa concentração de sabor, acidez refrescante, taninos numerosos e de boa textura e final médio/longo, com toques de ameixas escuras e de cacau.

AD 90

CARM Rabigato Códega do Larinho Viosinho 2018

BRANCO | DOURO | $$$

Mostra notas florais e de ervas envolvendo sua fruta branca e de caroço de perfil mais maduro, mas com vibrante acidez e textura firme, que trazem sustentação ao conjunto. Untuoso e cheio, tem final com toques cítricos.

CASA RELVAS

Regiões: **Alentejo e Minho**
Enólogos: **Nuno Franco e Alexandre Relvas**
Site: www.casarelvas.pt
Enoturismo: Sim
Importadora: Cantu

Com uma tradição familiar de cinco gerações no setor do agronegócio, Alexandre Relvas fundou a Casa Relvas em 1997. Em pouco mais de duas décadas a família administra cerca de 750 hectares de florestas de montado, 250 hectares de olivais e 350 hectares de vinhas, 100% em produção integrada. Com três herdades na região de Alentejo (Herdade de São Miguel, Herdade da Pimenta e Herdade dos Pisões), o grupo produz anualmente 6 milhões de garrafas de vinho, exportando aproximadamente 70% para mais de 30 países.

AD 93 | **Art. Terra Amphora Tinto 2018**

TINTO | ALENTEJO | **$$$**

Mais uma ótima safra desse tinto elaborado a partir de Aragonês, Moreto e Trincadeira, elaborado com mínima intervenção e inspirado nos métodos ancestrais de vinificação em ânforas de barro, muito comum no passado do Alentejo. Mostra ameixas e amoras seguidas de notas florais, terrosas e de ervas. Fresco e tenso, tem vibrante acidez e taninos granulados e de ótima textura. Fluido e gostoso de beber, é um verdadeiro lobo em pele de cordeiro.

AD 92 | **Art. Terra Curtimenta 2019**

BRANCO | ALENTEJO | **$$$**

Branco no estilo laranja composto de Antão Vaz, Arinto e Viognier, com estágio de 6 meses em barricas usadas de 400 litros. Mostra notas de frutas cítricas, de especiarias, balsâmicas e terrosas, que se confirmam no palato. Tem acidez afiada, gostosa textura e final médio/longo, com toques de flor de laranjeira e de tangerina.

AD 92

Herdade de São Miguel Escolha dos Enólogos Tinto 2018

TINTO ALENTEJO $$$

Sedutor, mostra notas florais, de ervas, de folha de tabaco e de especiarias doces envolvendo sua fruta, que lembra ameixas. Mas, é na boca que merece atenção, com sua refrescante acidez, seus taninos tensos e de boa textura e seu final suculento e persistente, com toques terrosos, de couro e de alcaçuz.

se confirmam no palato. Tem acidez afiada, gostosa textura e final médio/longo, com toques de flor de laranjeira e de tangerina.

AD 91

Herdade da Pimenta Grande Escolha Tinto 2019

TINTO ALENTEJO $$$$

Aqui reinam as frutas vermelhas e negras maduras e em compota, seguidas de notas especiadas, mentoladas, florais e de cacau, com seus taninos firmes e sua boa acidez trazendo sustentação ao conjunto. Está bom agora, mas tem tudo para ficar melhor em 5 anos.

AD 91

Herdade de São Miguel Colheita Seleccionada Branco 2019

BRANCO ALENTEJO $$

Uma ótima safra desse vinho. Mostra frutas brancas e de caroço maduras acompanhadas por notas florais e de ervas, que aparecem tanto no nariz quanto na boca. Refrescante, tem textura firme e cremosa, acidez vibrante e final persistente, com toques cítricos.

>>

AD 91 · Herdade de São Miguel Colheita Seleccionada Tinto 2019

TINTO · ALENTEJO · $$

Blend de Alicante Bouschet, Touriga Nacional, Syrah e Cabernet Sauvignon, com estágio de 4 meses em barris de 400 litros de carvalho francês. Ótima edição desse vinho, mostra ameixas e amoras de perfil mais maduro acompanhados de notas terrosas, florais, de ervas e de especiarias doces. Fluido e cativante, tem acidez na medida, taninos de ótima textura e final suculento e persistente, convidando a uma segunda taça.

AD 91 · Herdade de São Miguel Reserva Tinto 2017

TINTO · ALENTEJO · $$$$

Muito bem feito na linha mais opulenta e de maior exuberância de fruta, com acidez na medida e taninos firmes e granulados, que trazem equilíbrio ao conjunto e fluidez ao vinho. Ainda está jovem e deve ficar ainda melhor nos próximos 5 anos.

AD 91 · Herdade de São Miguel Touriga Franca 2018

TINTO · ALENTEJO · $$$

De ótima tipicidade, mostra a tensão e os taninos firmes da variedade aportando equilíbrio e fluidez ao conjunto, tudo permeado por acidez refrescante e muita fruta lembrando ameixas e amoras.

AD 91 · Herdade de São Miguel Touriga Nacional 2019

TINTO · ALENTEJO · $$$

Exibe as notas florais da variedade envolvendo sua fruta vermelha e negra lembrando amoras e ameixas, equilibradas por taninos de ótima textura e refrescante acidez. Tem final cheio e carnudo, com toques terrosos, de ervas e de especiarias doces. Paciência com ele na taça, para que mostre a que veio.

AD 90

Casa Relvas Alentejo Tinto 2019

TINTO ALENTEJO $$

Puro suco de amoras e de ameixas escoltado por notas florais, especiadas e de ervas secas, tudo equilibrado por taninos de grãos finos, refrescante acidez e final persistente, com toques terrosos.

AD 90

Ciconia The Reserva Blend 2018

TINTO ALENTEJO $$$

Mantendo o estilo de maior madurez de fruta dos rótulos Ciconia, esse tinto é estruturado, tem refrescante acidez e taninos firmes, que trazem equilíbrio ao conjunto e fluidez ao vinho. Tem final suculento e cativante, com toques terrosos, florais e de ameixas.

AD 90

Herdade da Pimenta Colheita Tinto 2018

TINTO ALENTEJO $$$

No perfil de maior madurez de fruta, tem taninos firmes e acidez refrescante, que aportam equilíbrio ao vinho. Tem final carnudo, com toques mentolados, de cacau e de ameixas.

AD 90

Herdade de São Miguel Colheita Seleccionada Rosé 2020

ROSÉ ALENTEJO $$

Repleto de frutas brancas e vermelhas seguidas por notas florais e de ervas, tudo equilibrado por vibrante acidez, textura tensa e final agradável e refrescante. Para o aperitivo.

»

AD 90

Pimenta Preta Tinto 2019

TINTO ALENTEJO **$$**

Cheio de ameixas e de amoras maduras seguidas de notas florais, de ervas e de especiarias, que aparecem tanto no nariz quanto na boca. Tem boa acidez, taninos de grãos finos e final médio/longo, com toques terrosos e de tabaco.

AD 89

Barricado Tinto 2019

TINTO ALENTEJO **$**

Composto de Aragonês, Alicante Bouschet, Trincadeira e Touriga Nacional, com estágio de 6 meses em barricas de carvalho. Apresenta notas de frutas vermelhas maduras, empireumáticas e de especiarias, que se confirmam no palato. Tem acidez pronunciada, taninos de boa textura e final médio, com toques tostados e de ameixas.

AD 89

Ciconia Touriga Nacional Syrah Aragonez 2019

TINTO ALENTEJO **$$**

Blend de Touriga Nacional, Syrah e Aragonês, com breve estágio em carvalho francês. Mais uma ótima versão desse vinho, que entrega o que promete. Muita fruta vermelha e negra madura, taninos macios, acidez na medida e final suculento, num tinto fácil de beber e de entender, que convida a uma segunda taça, de preferência escoltando massas ao molho à base de carne.

AD 88
Atlântico Branco 2019
BRANCO | ALENTEJO | **$$**

AD 88
Atlântico Rosé 2019
ROSÉ | ALENTEJO | **$$**

AD 88
Atlântico Tinto 2019
TINTO | ALENTEJO | **$$**

AD 87
Ciconia Rosé 2020
ROSÉ | ALENTEJO | **$$**

AD 87 | **Ciconia Vinho Verde 2020**
BRANCO | ALENTEJO | **$$**

CASA SANTOS LIMA

Regiões:
Lisboa, Douro e Minho
Enólogo:
Diogo Sepúlveda
Site: www.casasantoslima.com/pt
Enoturismo: Sim
Importadora: Cantu

Joaquim Santos Lima fundou, no final do século XIX, a empresa de vinhos Santos Lima. Em 1990, Maria João Santos Lima e José Luís Santos Lima Oliveira da Silva (neta e bisneto do fundador) relançaram a empresa, procedendo à replantação de boa parte dos vinhedos e investindo na modernização da estrutura produtiva. A companhia, que se dedica à produção, engarrafamento e comercialização de vinhos portugueses, está presente em 5 regiões de Portugal (Lisboa, Algarve, Alentejo, Douro e Minho). Hoje é um dos principais exportadores de vinho do país e, só na região de Lisboa, é responsável pela produção de cerca de 40% de todo o vinho certificado.

AD 91 | **Casa Santos Lima Touriga Nacional 2017**

TINTO | LISBOA | **$$$**

Sedutor nos aromas e nos sabores, mostra notas florais e de ervas permeando sua fruta negra e vermelha madura no ponto certo. Mas, é na boca que merece atenção, com seus taninos firmes, sua refrescante acidez e seu final carnudo e persistente, com toques terrosos, de tabaco e de especiarias doces. »

AD 91

Quinta das Setencostas Tinto 2017

TINTO | LISBOA | $$

Tenso e cheio de vivacidade, mostra frutas vermelhas e negras de perfil mais fresco escoltadas por notas florais, de ervas e de especiarias doces, tudo sustentado por vibrante acidez, taninos arenosos e final longo, com toques terrosos e de amoras.

AD 90

Bons Ventos Douro Tinto 2017

TINTO | DOURO | $$

Fluido e suculento, esbanja amoras e ameixas acompanhadas de notas florais, de ervas e de especiarias doces, tudo sustentado por refrescante acidez e taninos aveludados. Tem final médio/longo, com toques terrosos. Grata surpresa.

AD 90

Bons Ventos Reserva Tinto 2016

TINTO | LISBOA | $$$

No melhor estilo velha escola, mostra notas terrosas, de ervas e de especiarias doces escoltando sua fruta, que lembra ameixas. No palato, tem boa acidez, taninos firmes e de grãos finos e final persistente, com toques de chocolate e de couro.

AD 89 | **Quinta de Bons-Ventos Branco 2019**

BRANCO | LISBOA | $

Fresco e de perfil gastronômico, mostra pêssegos e maçãs seguidos de notas florais e de ervas, que se confirmam na boca. Tem ótima acidez, textura firme e final agradável, com toques salinos e cítricos.

AD 89 | **Quinta de Bons-Ventos Fresh 2020**

BRANCO | LISBOA | $

Gostoso de beber, tem acidez vibrante, que equilibra sua fruta branca de perfil mais maduro. Jovial e despretensioso, é perfeito para o aperitivo, de preferência num dia quente na beira da piscina.

AD 89 | **Quinta de Bons-Ventos Tinto 2019**

TINTO | LISBOA | $

Sempre muito consistente, mostra notas florais, de ervas e de especiarias doces envolvendo sua fruta, que lembra ameixas e amoras, tudo equilibrado por taninos de boa textura, acidez na medida e final suculento, que convida a uma segunda taça.

AD 88 | **Quinta de Bons-Ventos Rosé 2020**
ROSÉ | LISBOA | $

AD 87 | **Bons Ventos Vinho Verde 2019**
BRANCO | MINHO | $

»

CAVES DA RAPOSEIRA

Região:
Douro
Enólogo:
Orlando da Costa Lourenço
Site: cavesdaraposeira.com
Enoturismo: Sim
Importadora: Épice

Localizada na região demarcada de Távora-Varosa, a Caves da Raposeira é uma das mais antigas empresas portuguesas de espumantes. Possuem um portfólio variado, com espumantes brancos, rosados e tintos, elaborados pelo método tradicional, e dois vinhos tranquilos durienses, o RP Tinto e o RP Branco. Atualmente, a Raposeira é administrada pela Murganheira, outra importante referência em espumantes da região.

AD 90

RP Tinto 2016

TINTO DOURO **$$**

Composto a partir de Touriga Nacional e Tinta Roriz, sem passagem por madeira, é puro suco de amoras e de ameixas temperadas com notas florais, de ervas e de especiarias doces. Tem acidez refrescante, taninos aveludados e final suculento e cativante, com toques terrosos, de violetas e de alcaçuz.

CAVES SÃO JOÃO

Regiões:
Bairrada, Beira Interior e Dão
Enólogo:
José Carvalheira
Site: www.cavessaojoao.com
Enoturismo: Sim
Importadora: Vinci

Instituída em 1920, pelos irmãos José, Manuel e Albano Costa, a Caves São João, no início, dedicava-se à comercialização de vinhos finos do Douro e licores. Na década de 30, com a interdição da produção dos vinhos do Porto fora de Vila Nova de Gaia, a empresa começou a comercializar vinhos de mesa da Bairrada e, nesse mesmo período, iniciou também a produção de espumantes naturais pelo método "champanhês". Em 2020, a instituição completou cem anos, constituindo-se na empresa familiar mais antiga ainda em atividade no concelho de Anadia.

AD 93

Frei João Reserva Tinto 2014

TINTO | BAIRRADA | **$$$$**

Fluido, refinado e de perfil gastronômico, tem ótima acidez e taninos aveludados e de grãos finos, que envolvem sua fruta lembrando ameixas e cerejas maduras. Gostoso de beber, tem bom volume de boca e final persistente, com toques terrosos, de ervas secas e de especiarias doces, que pedem a companhia de carnes ensopadas.

AD 92

Caves São João Baga Touriga Nacional 2014

TINTO | BAIRRADA | **$$$$**

Tinto elaborado a partir de 50% Baga e 50% Touriga Nacional, com estágio de 12 meses em barris de carvalho francês. Mostra perfil de frutas negras mais maduras acompanhadas por notas florais, de ervas, de alcaçuz e de especiarias doces, que aparecem tanto no nariz quanto na

>>

boca. Chama atenção pelos taninos firmes e de grãos finos e pela acidez vibrante, que conferem fluidez ao vinho.

AD 91 | **Porta dos Cavaleiros Tinto 2013**

TINTO | DÃO | **$$$**

Sempre consistente, essa é mais uma ótima safra desse tinto gastronômico, que esbanja tipicidade, com suas notas terrosas, especiadas e de ervas secas envolvendo sua fruta lembrando ameixas, tudo sustentado por taninos tensos e firmes e acidez refrescante. Não dá para pensar nele distante da mesa, melhor ainda se for na companhia de carnes vermelhas ensopadas.

AD 90 | **Frei João Colheita Tinto 2015**

TINTO | BAIRRADA | **$$$**

No melhor estilo velho escola, mostra notas terrosas, de ervas, de especiarias e de tabaco envolvendo sua fruta vermelha madura e em compota, com sua acidez refrescante e seus taninos arenosos trazendo sustentação e equilíbrio ao conjunto. Gastronômico por natureza, pede a companhia de paleta de cordeiro ao forno.

AD 89 | **Frei João Colheita Branco 2016**

BRANCO | DÃO | **$$$**

Mais uma boa edição desse branco composto de Maria Gomes, Arinto e Chardonnay, mostra frutas de caroço seguidas de notas florais e de ervas, tudo equilibrado por refrescante acidez e textura firme. Para os peixes brancos grelhados.

AD 88 | **Frei João Colheita Rosé 2018**
ROSÉ | BAIRRADA | **$$$**

AD 88 | **Irmãos Unidos Branco**
BRANCO | BEIRA INTERIOR | **$$**

CAVES TRANSMONTANAS

Região:
Douro
Enólogos:
Celso Pereira e Pedro Guedes
Site: www.dourovertice.pt
Enoturismo: Não
Importadora: Adega Alentejana

Caves Transmontanas nasceu em 1989, através de uma parceria entre as Caves Riba-Tua e Pinhão (no Douro) e a empresa californiana Schramsberg Vineyards. Durante mais de 3 anos de procedimentos técnicos, a escolha do grupo recaiu em Cima Corgo, no Douro, uma zona com uma altitude superior a 550 metros. Atualmente, a adega produz seis gamas de espumante e duas de vinho tranquilo (um branco e um tinto), com uma produção anual de 100.000 garrafas.

AD 92

Vértice Millésime Bruto 2013

ESPUMANTE	DOURO	$$$$

Sempre entre os melhores espumantes de Portugal, nessa versão mostra-se especialmente tenso e vibrante, repleto de frutas brancas e cítricas de perfil mais fresco, seguidas de notas florais, de ervas e de fermento. Vertical, cremoso e muito gostoso de beber, tem bom volume de boca, acidez elétrica e final pulsante e vertical, com toques cítricos, salinos e de frutos secos.

»

CHRYSEIA

Região:
Douro
Enólogos:
Luís Coelho, Pedro Correia, Charles Symington e Bruno Prats
Site: www.chryseia.com
Enoturismo: Não
Importadora: Mistral

Em novembro de 1998, a família Symington (tradicionalíssima no Vinho do Porto, com marcas como Graham's, Dow's, Warre's e Cockburn's, por exemplo) propôs a Bruno Prats (ex-dono do Château Cos d'Estournel) que participasse de um projeto para produzir um vinho no Douro. A proposta tomou forma em 1999, com a criação da empresa Prats & Symington, que logo experimentou com parcelas e variedades. A primeira safra do Chryseia, o vinho surgido dessa parceria, foi no ano de 2000 e ele logo se tornou um dos ícones entre os vinhos não fortificados do Douro, abrindo caminho para muitos outros.

AD 95

Chryseia 2016

TINTO | DOURO | $$$$$

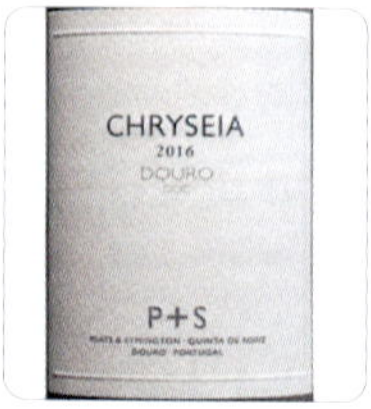

Mostra cassis e ameixas escoltadas por notas florais, de ervas e de especiarias doces, que se confirmam no palato. Vibrante e fluido, impressiona pela nitidez de fruta, pela textura finíssima de seus taninos, pela acidez refrescante e pela finesse do conjunto. Tem final longo, muito longo, com toques terrosos, de grafite e de alcaçuz. Paciência com ele na taça ou na garrafa, para que mostre todos seus nuances de aromas e camadas de sabores.

AD 93

Post Scriptum 2018

TINTO DOURO $$$$

Blend tinto composto de Touriga Nacional (58%), Touriga Franca (39%) e Tinta Roriz (3%), com estágio de 12 meses em carvalho francês. Fragrante e sedutor, mostra frutas negras maduras, floral, especiarias picantes, ervas e grafite. No palato, tem acidez vibrante, que realça sua fruta suculenta e de qualidade, além de taninos finos e final longo e persistente.

AD 92

Prazo de Roriz 2018

TINTO DOURO $$$$

Cativante e muito gostoso de beber, esbanja frutas maduras, como amoras e ameixas seguidas de notas florais, de ervas, de especiarias doces e de alcaçuz, com sua acidez refrescante e seus taninos finos e tensos ditando as regras e conferindo fluidez ao conjunto. Tem final persistente e denso, com toques de violetas, de mirtilos e de grafite.

CORTES DE CIMA

Região: **Alentejo**
Enólogos:
Hans Jorgensen e Anna Jorgensen
Site: www.cortesdecima.com/pt
Enoturismo: Sim
Importadora: Adega Alentejana

O projeto Cortes de Cima iniciou quando o casal, Hans e Carrie Jorgensen, chegou em Portugal, em 1988. Nessa época, a Vidigueira era conhecida como uma região de uvas brancas, porém Hans e Carrie identificaram no local um bom potencial para a casta Syrah (período também em que a variedade não era aprovada pelas regras de Denominação de Origem). Assim nasceu Incógnito, em 1998, um vinho 100% Syrah. Atualmente,

Cortes de Cima produz vinhos de duas zonas do Alentejo, em Vidigueira e em Vila Nova de Milfontes.

AD 93

Cortes de Cima Trincadeira 2016

TINTO ALENTEJO **$$$$**

Fluido, tenso e refrescante, esbanja ameixas e cassis acompanhados de notas florais, de ervas e de especiarias doces, que aparecem tanto no nariz quanto na boca. Tem ótimo volume de boca, taninos firmes e de fina textura, refrescante acidez e final cativante e persistente, com toques de violetas e de mirtilos, que convidam a uma segunda taça.

AD 92

Cortes de Cima Petit Verdot 2015

TINTO ALENTEJO **$$$$**

Mostra a estrutura e a força da Petit Verdot adornada por muita fruta madura, lembrando ameixas e cassis, seguidas de notas de ervas, de flores e de especiarias doces. Seus taninos firmes e de grãos finos e sua refrescante acidez, conferem fluidez e profundidade ao vinho. Para as carnes vermelhas ensopadas.

AD 92

Cortes de Cima Tinto 2016

TINTO ALENTEJO **$$$**

Composto de Syrah e Aragonez, com estágio de 12 meses em barricas. Mostra frutas negras maduras, empireumático, floral, ervas e de cedro, que se repetem no palato. Harmonioso e saboroso, tem acidez afiada, taninos finos e final longo, com notas salinas e de ameixas escuras.

AD 92

Homenagem A Hans Christian Andersen Tinto 2013

TINTO ALENTEJO **$$$$**

De boa tipicidade, mostra notas especiadas, florais, de ervas e de tabaco envolvendo sua fruta de perfil mais maduro, lembrando ameixas e amoras, tudo equilibrado por taninos firmes e de grãos finos e refrescante acidez. Carnudo e persistente, tem final com toques defumados, de mentol e de alcaçuz.

AD 91

Chaminé Branco 2019

BRANCO ALENTEJO **$$$**

Apresenta notas de frutas cítricas e tropicais de perfil mais fresco, de ervas, florais e de pedra de isqueiro, que se repetem no palato. Tem ótima textura, acidez vibrante e final médio/longo, com notas de limão siciliano.

AD 91

Chaminé Tinto 2018

TINTO ALENTEJO **$$$**

Cheio de camadas, mostra frutas vermelhas e negras, lembrando ameixas e mirtilos, balsâmico, especiarias, ervas e floral. Fresco e cativante, tem acidez pronunciada, taninos finos e de ótima textura e final saboroso e longo.

AD 89

Courela Tinto 2018

TINTO ALENTEJO **$$**

Blend de Aragonez, Syrah e Touriga Nacional, sem passagem por madeira. Frutado e gostoso de beber, esbanja frutas vermelhas e negras escoltadas por notas florais, de ervas e de especiarias doces, que aparecem tanto no nariz quanto na boca. De médio corpo, tem ótima acidez, taninos macios e final também médio, com toques de ameixas.

CROFT

Região:
Douro
Enólogo:
David Guimaraens
Site: www.croftport.com/pt
Enoturismo: Sim
Importadora: La Pastina

A Croft foi fundada em 1588 e, com uma carga histórica de mais de quatro séculos, é uma das mais antigas empresas em atividade do mundo. Em 2001, foi incorporada ao The Fladgate Partnership, juntamente com a Taylor's, a Fonseca e, mais recentemente, a Krohn, sendo o grupo líder na produção de categorias especiais de vinho do Porto, exportando para mais de 105 países. Embora o universo do vinho do Porto seja considerado conservador, em 2008 a Croft foi responsável por criar o Croft Pink, o primeiro vinho do Porto rosé. A propriedade está sob a liderança de Adrian Bridge, presidente do The Fladgate Partnership.

AD 92

Croft 10 Year Old Tawny Port

FORTIFICADO DOURO $$$$

Intenso e cheio de frutas vermelhas, impressiona pela textura firme e pela acidez vibrante, que aporta equilíbrio a sua doçura e fluidez ao vinho. Nítido e preciso, tem final untuoso e cativante, com toques especiados e de cerejas.

AD 91

Croft 430th Anniversary Celebration Edition Reserve Ruby Port

FORTIFICADO DOURO $$$$

Mostra notas de violetas e de especiarias doces, que acompanham sua fruta lembrando ameixas maduras e em compota, com seus taninos firmes e acidez refrescante ditando as regras e trazendo equilíbrio ao conjunto. Tem final suculento e cativante, com toques de alcaçuz, de violetas e de grafite.

AD 91

Croft Reserve Tawny Port

FORTIFICADO DOURO $$$

Sempre consistente, essa é mais uma boa tiragem desse tinto fortificado doce. Esbanja frutas maduras e em compota envoltas por notas florais e de especiarias doces, tudo sustentado por ótima acidez, textura firme e cremosa e final untuoso e cativante, com toques de frutos secos e de cerejas em calda.

AD 90

Croft Fine Ruby Port

FORTIFICADO DOURO $$$

Apresenta ameixas e cassis seguidos de notas de violetas e de especiarias doces, com textura firme, bom volume de boca e acidez refrescante, aportando equilíbrio ao conjunto. Para as sobremesas que levem chocolate.

AD 89

Croft Fine Tawny Port

FORTIFICADO DOURO $$$

Gostoso de beber, é uma boa porta de entrada para o delicioso mundo dos Porto Tawny. Experimente-o geladinho, na companhia de queijos curados.

DUORUM

Região:
Douro
Enólogos:
João Portugal Ramos e José Maria Soares Franco
Site: www.duorum.pt
Importadoras: Casa Flora/Porto a Porto

Duorum é um projeto idealizado por João Portugal Ramos e José Maria Soares Franco, ambos verdadeiras assumidades na produção de vinhos em Portugal, o primeiro na região de Alentejo e o segundo no Douro. A parceria iniciou-se em 2007, no Douro, unindo a experiência e conhecimento técnico dos dois enólogos (daí o nome Duorum, uma expressão latina que significa "de dois"). A propriedade possui vinhas localizadas na região de Cima Corgo e Douro Superior, erguidas em socalcos com altitudes que variam entre 150 e 500 metros, plantadas apenas com castas autóctones.

AD 90

Tons de Duorum Branco 2019

BRANCO DOURO $$

Branco composto de Arinto, Verdelho, Moscatel Galego, Viosinho e Rabigato, sem passagem por madeira. Sempre consistente, mostra frutas brancas e de caroço seguidas de notas florais e de ervas. Leve, refrescante e fácil de agradar, tem ótima acidez, textura cremosa e final médio e cativante, com toques salinos e cítricos, que pedem a companhia de peixes brancos grelhados.

ENOPORT

Região:
Dão
Enólogo:
Nuno Faria
Site: www.enoport.pt
Enoturismo: Sim
Importadora: Domno

O grupo Enoport Wines unificou, em 2005, algumas das mais antigas propriedades portuguesas de vinho, tais como as Adegas Camillo Alves (1881), Caves Monteiros (1918), Caves Dom Teodósio (1924), Caves Velhas (1939), Caves Moura Basto (1940) e Caves Acácio (1954), entre outras. O grupo possui hoje várias propriedades vinícolas espalhadas por diversas regiões de Portugal, com um total de 400 hectares de vinhedos.

AD 89

Catedral Reserva Tinto 2019

TINTO DÃO $$

Composto de Tinta Roriz, Alfrocheiro e Touriga Nacional, com estágio de 6 meses em barricas de carvalho francês. Sempre consistente, é um bom cartão de visitas ao estilo gastronômico dos

>>

vinhos do Dão. Mostra ameixas e amoras envoltas por típicas notas florais, especiadas, terrosas e de ervas, que se confirmam na boca. Frutado e de corpo médio, tem ótima acidez, taninos macios e de boa textura e final também médio, pedindo a companhia de carnes assadas ou ensopadas.

FILIPA PATO

Região:
Bairrada
Enóloga:
Filipa Pato
Site: www.patowouters.com
Enoturismo: Sim
Importadoras: Casa Flora/Porto a Porto

Filipa Pato, respeitada enóloga portuguesa, aprimorou suas habilidades de produtora de vinho atuando em colheitas de vinícolas em Bordeaux (França), Mendoza (Argentina), Margaret River (Austrália) e, principalmente, Portugal, com seu pai Luís Pato (referência na Bairrada). Fundada em 2001, a empresa atualmente é administrada por Filipa e seu marido William Wouters (renomado chef e sommelier belga). A vinícola segue os princípios da agricultura biodinâmica e enfatiza sua produção nas castas tradicionais da Bairrada, exclusivamente com Baga, Bical, Arinto, Cercial e Maria Gomes.

AD 93 | **D.N.M.C. Baga 2019**

TINTO | BAIRRADA | $$$

Elaborado com a mínima intervenção exclusivamente a partir de uvas Baga, sem passagem por madeira. Mais uma ótima safra desse vinho, que se mostra ainda mais vibrante, vivo e repleto de frutas, como groselhas e framboesas, tudo equilibrado por ótima acidez e taninos tensos e granulados, que conferem maior sensação de profundidade e de persistência. Tem final agradável e sedutor, com toques florais, terrosos e de ervas, que convidam a uma segunda taça.

AD 91 D.N.M.C. Bical Arinto 2019

BRANCO	BAIRRADA	$$$

Tenso e vibrante, mostra notas florais, de ervas e de especiarias envolvendo sua fruta cítrica e branca madura no ponto certo. Chama atenção por sua acidez refrescante e por sua textura firme, que conferem fluidez e profundidade ao vinho. Tem final persistente, com toques de umami e de limão siciliano.

FUNDAÇÃO EUGÉNIO DE ALMEIDA - CARTUXA

Região:
Alentejo
Enólogo:
Pedro Baptista
Site: https://www.fea.pt/
e www.cartuxa.pt
Enoturismo: Sim
Importadora: Adega Alentejana

Em 1759, por ordem de Marquês de Pombal, a Quinta de Valbom (ligada à Companhia de Jesus) passou a integrar os bens do Estado e, alguns anos mais tarde, em 1776 foi equipada pela primeira vez com um lagar de vinho. A proximidade do Mosteiro da Cartuxa determinou a designação conhecida até os dias de hoje, a Adega Cartuxa. Adquirida no século XIX pela família Eugénio de Almeida, a propriedade recebeu investimentos em modernizações e ampliações ao longo do tempo, aumentando de forma considerável seu potencial de vinificação e sua capacidade de armazenagem. Da linha de engarrafamento instalada na Adega Cartuxa saem, anualmente, cerca de quatro milhões de garrafas, distribuídas pelas marcas Vinea Cartuxa, EA, Foral de Évora, Cartuxa, Scala Coeli e o lendário Pêra-Manca.

AD 94

Scala Coeli 2017

TINTO ALENTEJO **$$$$$**

Nessa edição, é elaborado exclusivamente a partir de Syrah, seguindo fiel ao seu estilo mais concentrado, opulento e de maior madurez de fruta, mas equlibrado por taninos firmes e tensos, além de refrescante acidez. No entanto, esse ano, apesar de toda costumeira untuosidade, mostra um lado mais fluido, vibrante e com maior sensação de frescor, o que o torna ainda mais refinado e gostoso de beber quando jovem. Uma excelente versão desse ícone alentejano, que vai estar ainda melhor nos próximos 10 anos.

AD 93

Cartuxa Bruto 2013

ESPUMANTE ALENTEJO **$$$$**

Fluido, cremoso e muito gostoso de beber, chama atenção pelo equilíbrio e pela profundidade. Tem acidez refrescante, textura firme e final persistente, com toques florais, especiados, de frutos secos e de padaria. Refinado, preciso e elegante.

AD 93

Cartuxa Vinho de Talha Branco 2016

BRANCO ALENTEJO **$$$$$**

Corte branco composto de Arinto, Roupeiro, Fernão Pires, Trincadeira das Pratas e Malvasia Rei. Exibe fragrantes aromas de frutas brancas e de caroço maduras, ervas finas, floral, de especiarias e de argila, que se confirmam no palato. Estruturado, tem textura cremosa, acidez refrescante e final longo e persistente.

AD 92

Foral de Évora Branco 2019

BRANCO ALENTEJO **$$$**

100% Assario, com estágio sobre as borras finas (com battonage) durante oito meses. Apresenta frutas brancas e de caroço maduras, mel, especiarias doces, floral e toques defumados. No palato, tem boa concentração de sabor, textura cremosa, acidez afiada e final cheio e longo.

AD 91

Foral de Évora Tinto 2018

TINTO ALENTEJO **$$$**

Mostra notas de ervas, de flores e de especiariais doces envolvendo sua fruta de perfil mais maduro, lembrando ameixas, com sua acidez refrescante e seus taninos granulados e firmes trazendo equilíbrio e fluidez ao vinho. Tem final cheio e longo, com toques terrosos, de couro e de eucalipto.

GRAHAM'S

Região:
Douro
Enólogo:
Charles Symington
Site: www.grahams-port.com
Enoturismo: Sim
Importadora: Mistral

A história da Graham's une a biografia de duas famílias, ambas de origem escocesa, os Grahams e os Symingtons. Fundada pelos irmãos William e John Graham, em 1820, a empresa (referência no setor têxtil na época) passou a atuar no negócio de Vinho do Porto depois de receber 27 tonéis de vinho como pagamento de uma dívida. A conexão com a família Symington ocorreu em 1882, quando Andrew James Symington foi trabalhar em Portugal para a família Graham. Embora Andrew tenha deixado a empresa para estabelecer seu próprio negócio de vinho do Porto, seus netos adquiriram a Graham's em 1970. Atualmente, Symington (grupo que produz os Portos Graham's, Cockburn's, Dow's e Warre's) é proprietária de mais de mil hectares de vinhedos na região do Douro.

>>

AD 94 | Graham's Quinta dos Malvedos Vintage Port 2008

FORTIFICADO | DOURO | $$$$$

Complexo nos aromas e exuberante nos sabores, esbanja ameixas e cassis maduros e em compota, envoltos por notas florais, de ervas, de ervas, de especiarias doces e de cacau, com sua vibrante acidez e seus taninos firmes e de grãos finos trazendo equilíbrio ao conjunto. Tem final cheio e persistente, com toques de chocolate, de violetas e de grafite.

AD 93 | Graham's 20 Years Old Tawny Port

FORTIFICADO | DOURO | $$$$$

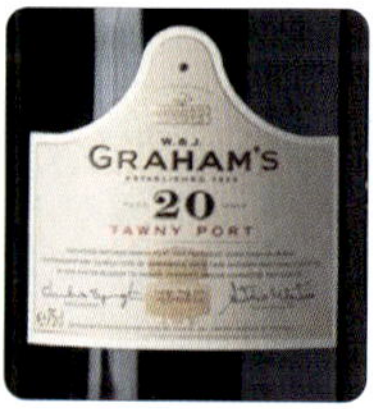

Untuoso, concentrado e cheio de frutas vermelhas maduras e em compota, tem ótima acidez e textura firme e cremosa, que trazem sustentação ao conjunto e equilíbrio a sua doçura. Tem final cheio e persistente, com toques florais, de cerejas em calda, de frutos secos e de especiarias doces.

AD 89 | Graham's Extra Dry White

FORTIFICADO | DOURO | $$$

Apresenta notas de frutos secos e florais, que se repetem no palato. Tem ótima acidez, textura firme e final persistente. Para o aperitivo ou para elaborar um delicioso e refrescante portônica.

HERDADE DA ALDEIA DE CIMA

Região: **Alentejo**
Enólogos: **Jorge Alves e António Cavalheiro**
Site: www.aldeiadecima.com/pt/
Enoturismo: Sim
Importadora: World Wine

Situada na Serra do Mendro, no Alentejo, a Herdade da Aldeia de Cima é administrada pela família Amorim, ligados à industria do vinho desde o século XIX. A vinícola possui cerca de 20 hectares de vinhedos, divididos em 32 microterroirs, com um encepamento de 65% de castas tintas e de 35% de castas brancas. Jorge Alves é o enólogo consultor e António Cavalheiro o enólogo residente.

AD 93

Herdade da Aldeia de Cima Alyantiju Branco 2018

BRANCO ALENTEJO **$$$$$**

Impressiona pelo frescor e tensão do conjunto, com sua acidez vibrante e sua textura firme aportando sustentação a sua fruta lembrando pêssegos e peras. Fluido, preciso e muito gostoso de beber, tem final cheio e longo, com toques cítricos, de frutos secos e de especiarias doces.

AD 93

Herdade da Aldeia de Cima Alyantiju Branco 2018

TINTO ALENTEJO **$$$$$**

De ótima tipicidade, mostra a força de taninos, a concentração e as notas de ervas da Alicante Bouschet, tudo sustentado por refrescante acidez. Preciso e nítido, tem final potente e persistente, com toques de violetas, de ameixas e de especiarias doces. Paciência com ele na taça e na garrafa para que mostre todo seu potencial. Está muito bom agora, mas tem tudo para ficar ainda melhor nos próximos 15 anos.

AD 92

Herdade da Aldeia de Cima Reserva Tinto 2018

TINTO ALENTEJO $$$$

Alia magistralmente concentração e madurez de fruta, com frescor, tensão e verticalidade, num tinto fluido, nítido e muito gostoso de beber. Estruturado, tem ótima acidez, taninos firmes e final persistente e cheio, com toques terrosos, florais, de ervas frescas e de ameixas.

HERDADE DE COELHEIROS

Região:
Alentejo
Enólogo:
Luís Patrão
Site: www.coelheiros.pt
Enoturismo: Sim
Importadora: Mistral

A Herdade de Coelheiros iniciou uma nova fase de sua história quando a propriedade foi comprada por Joaquim e Leonilde Silveira, em 1981. Em 1991, foi produzido o primeiro Tapada de Coelheiros tinto, sob o comando do enólogo António Saramago (um dos principais nomes da enologia portuguesa). Com a recente aquisição em 2015, pelo casal de brasileiros Alberto Weisser e Gabriela Mascioli, os novos proprietários trouxeram novas abordagens, como, por exemplo, a decisão de reduzir a produção de 400 mil para 100 mil garrafas (nível mantido até hoje); a de eliminar a gama de entrada (Ciranda), concentrando a produção em apenas três rótulos (Coelheiros, Tapada de Coelheiros, ambos em versões branco e tinto, e Vinha do Taco, um single vineyard 100% à base de Petit Verdot); e a de trabalhar prioritariamente, ainda que não exclusivamente, com castas nativas, o que levou a eliminação de um dos vinhos mais populares da Herdade, o Coelheiros Chardonnay, cuja última safra foi a de 2016. Desde 2016, a equipe de viticultura e enologia é liderada pelo talentoso enólogo Luís Patrão.

AD 92

Tapada de Coelheiros Branco 2017

BRANCO | ALENTEJO | $$$$$

Une untuosidade e concentração de fruta, com tensão de textura e profundidade, tudo envolto por refrescante acidez. Tem final cheio e persistente, com toques florais, de ervas, de especiarias doces, de pêssegos e de lima. Está ótimo agora e tem tudo para ficar ainda melhor nos próximos 5 anos.

AD 92

Tapada de Coelheiros Garrafeira 2012

TINTO | ALENTEJO | $$$$$

Corte tinto composto de Aragonez e Cabernet Sauvignon, com estágio de 18 meses em barricas de carvalho francês e mais 5 anos e meio em garrafa. Mostra fragrantes aromas de frutas negras maduras, empireumáticos, de especiarias picantes, de ervas e de grafite, que se repetem no palato. Concentrado e suculento, tem acidez refrescante, taninos numerosos e de ótima textura e final longo, com notas de ameixas, tostadas e de eucalipto.

AD 91

Coelheiros Branco 2018

BRANCO | ALENTEJO | $$$$

Mais uma boa edição desse 100% Arinto, que esbanja frutas brancas e de caroço acompanhadas de notas florais, especiadas e de ervas, que se confirmam no palato. Fluido e gostoso de beber, tem ótima textura, acidez refrescante e final cheio e persistente, com toques de lima.

»

AD 91

Tapada de Coelheiros Tinto 2015

TINTO ALENTEJO $$$$$

Mostra ameixas maduras seguidas de notas florais, de ervas e de especiarias doces, que se confirmam na boca, com seus taninos granulados e firmes e sua boa acidez aportando equilíbrio ao cojunto. Tem final suculento e persistente, com toques terrosos, especiados e de ervas secas. Ainda está jovem e tem tudo para ficar ainda mellhor nos próximos 10 anos.

HERDADE DO ESPORÃO

Região:
Alentejo
Enóloga:
Sandra Alves
Site: www.esporao.com/pt-pt/
Enoturismo: Sim
Importadora: Qualimpor

Fundada em 1973, por José Roquette e Joaquim Bandeira, a Herdade do Esporão foi a primeira vinícola moderna do Alentejo, com temperatura controlada, processos por gravidade e estágio em barricas de carvalho. Na década de 1980, a adega foi finalmente construída e seu primeiro vinho com o nome de Esporão surgiu na safra de 1985 (no ano seguinte passou a usar o nome de Esporão Reserva). Alguns anos depois, começaram também a produzir azeites, com as variedades autóctones, exclusivamente do tipo virgem extra ou virgem. Dois recentes investimentos do grupo foram: em 2018, no setor cervejeiro com a aquisição da marca Sovina (uma das empresas líderes no mercado de cervejas Premium em Portugal) e em 2019, com a compra da Quinta do Ameal (conceituado produtor na região demarcada dos Vinhos Verdes). Atualmente, o Esporão possui cerca de 700 hectares de vinhas, olivais e outras culturas e, com um pouco mais de 45 anos, está entre os principais produtores de Portugal. Desde 2006, João Roquette (filho do co-fundador José Roquette) é o presidente do grupo.

AD 93 | Esporão Private Selection Branco 2019

BRANCO | ALENTEJO | $$$$

De ótima tipicidade, esse 100% Sémillon vem ano após ano baixando o papel do carvalho, apostando em frescor e nitidez. Aqui, reinam as frutas brancas e de caroço acompanhadas de notas de frutos secos, de especiarias doces, de flores e de ervas, que se confirmam no palato. Tem acidez refrescante, textura cremosa e final untuoso e persistente, com toques de pêssegos e de lima. Ainda está jovem e tem tudo para ficar ainda melhor nos próximos 10 anos.

AD 92 | Esporão Canto do Zé Cruz 2014

TINTO | ALENTEJO | $$$$

Apresenta frutas vermelhas mais maduras seguidas de notas terrosas, de ervas e de especiarias doces, com taninos tensos e arenosos e boa acidez aportando certo equilíbrio ao conjunto. Tem final untuoso e persistente, com toques tostados, de couro, de tabaco, de cacau e de ameixas em compota.

AD 92 | Esporão Reserva Tinto 2018

TINTO | ALENTEJO | $$$$

Uma ótima safra desse clássico alentejano, que apresenta ótima acidez e taninos firmes e finos, que trazem equilíbrio a toda sua fruta madura lembrando ameixas. Tem final concentrado e persistente, com toques terrosos, especiados, de ervas secas e de tabaco. Paciência com ele na taça ou na garrafa, para que mostre a que veio.

AD 92 | Esporão Vinho de Talha Moreto 2018

TINTO | ALENTEJO | $$$$

Composto de uvas Moreto, provenientes de vinhas com idade média de 80 anos, vinificado em talhas de barro. Apresenta notas de » frutas vermelhas e negras, herbáceas, terrosas e de argila. Fresco e vibrante, tem taninos firmes e de ótima textura, acidez afiada e final longo e cativante, com toques de ameixas.

AD 91

Esporão Colheita Branco 2020

BRANCO | ALENTEJO | $$$

Entre as melhores, senão a melhor safra desse branco até o momento, esbanja frutas brancas e de caroço maduras seguidas de notas florais, de ervas e de especiarias doces, que se confirmam no palato, tudo sustentado e equilibrado por ótima acidez, textura firme e cremosa e final médio/longo, com toques salinos, de pêssegos e de limão siciliano.

AD 91

Esporão Reserva Branco 2019

BRANCO | ALENTEJO | $$$

Composto de Antão Vaz, Arinto, Roupeiro, com fermentação e estágio tanto em inox quanto em barricas novas de carvalho francês e americano. Consistente safra após safra, essa é uma versão de frutas brancas e de caroço mais maduras, mas bem sustentadas por textura firme e cremosa e refrescante acidez. Tem final suculento, com toques abaunillhados, cítricos e de erva doce.

AD 91

Esporão Reserva Tinto 2017

TINTO | ALENTEJO | $$$$

Elaborado pela primeira vez em 1985, esse tinto é composto de Alicante Bouschet, Aragonez, Trincadeira e Cabernet Sauvignon, com estágio de 12 meses em barricas de carvalho americano (60%) e francês (40%). Mesmo para um ano mais quente, quando comparado ao de 2016, mantém o estilo mais fresco e vibrante das últimas safras. Mostra ameixas e cassis seguidos por notas florais, de tabaco e de especiarias doces, que se confirmam no palato. Frutado e estruturado, tem acidez refrescante, taninos finos e de boa textura e final carnudo e persistente, com toques de alcaçuz e de cacau.

AD 91

Esporão Trincadeira 2018

TINTO | ALENTEJO | **$$$**

Mais uma ótima safra desse tinto, que esbanja amoras maduras acompanhadas de notas florais, terrosas e de ervas, que aparecem tanto no nariz quanto na boca, tudo equilibrado por taninos tensos e de ótima textura, acidez refrescante e final médio/longo. Difícil vai ser ficar na primeira taça.

AD 90

Defesa do Esporão Touriga Nacional Syrah 2019

TINTO | ALENTEJO | **$$**

Composto a partir de Touriga Nacional e Syrah, sem passagem por madeira. Franco, direto e sempre consistente, tem estilo carnudo e suculento, que apresenta fruta negra e vermelha abundante, bem sustentada por gostosa acidez e taninos de ótima textura, tudo envolto por notas florais, de ervas e de especiarias doces.

AD 90

Esporão Colheita Tinto 2019

TINTO | ALENTEJO | **$$$**

Blend de Alicante Bouschet, Touriga Nacional, Aragonez, Cabernet Sauvignon e Touriga Franca, com fermentação e estágio de 6 meses em tanques de concreto. Mostra ameixas e amoras seguidas de notas especiadas, florais e de ervas. No palato, tem corpo médio, gostosa acidez, taninos aveludados e final também médio, pedindo uma segunda taça.

AD 90

Herdade do Esporão Verdelho 2017

BRANCO | ALENTEJO | **$$$**

100% Verdelho, sem passagem por madeira. Apresenta frutas tropicais e brancas maduras, floral e ervas, que se confirmam no palato. Estruturado, destaca-se pela deliciosa textura, além de acidez vibrante e final cheio, com toques cítricos e de maçãs.

>>

AD 90

Monte Velho Tinto 2019

TINTO ALENTEJO $$

Composto a partir Aragonez, Trincadeira, Touriga Nacional e Syrah, sem passagem por madeira, mas mantido por, pelo menos, 3 meses em tanques de aço inox. Mostra ameixas e amoras acompanhadas de notas florais, de ervas e de especiarias doces, que aparecem tanto no nariz quanto na boca. Refrescante e gostoso de beber, tem taninos de boa textura, acidez vibrante e final médio, com toques terrosos, que pedem a companhia de pizzas que levem embutidos em sua cobertura.

AD 89

Alandra Branco 2019

BRANCO ALENTEJO $

Grata susrpresa, mostra frutas brancas e de caroço de perfil mais maduro, bem equilibradas por textura cremosa e boa acidez. Tem final cativante, com toques de maçãs e de lima. Para o aperitivo.

AD 89

Defesa do Esporão Roupeiro Arinto Antão Vaz 2019

BRANCO ALENTEJO $$

Corte branco composto de Roupeiro, Arinto e Antão Vaz, sem passagem por madeira. Exuberante no nariz, mostra frutas cítricas e de caroço maduras, seguidas por notas florais. Harmonioso e refrescante, tem acidez afiada, boa textura e final médio e agradável, com toques salinos e de flor de limoeiro.

AD 89

Monte Velho Branco 2020

BRANCO ALENTEJO $$

Sempre consistente, mostra frutas brancas e de caroço maduras seguidas de notas florais, de ervas e de especiarias doces, que se confirmam na boca, tudo sustentado por textura cremosa, acidez refrescante e final agradável, com toques cítricos e de ervas.

AD 88

Alandra Tinto 2020
TINTO | ALENTEJO | $

AD 88

Pé do Esporão Tinto 2019
TINTO | ALENTEJO | $

HERDADE DO ROCIM

Regiões: **Alentejo, Lisboa, Douro e Minho**
Enólogos: **Catarina Vieira e Pedro Ribeiro**
Site: www.rocim.pt
Enoturismo: Sim
Importadora: World Wine

A Herdade do Rocim é um projeto desenvolvido pelo grupo Movicortes que, durante seis anos, reestruturou a produção vinícola do local e construiu a adega (um edifício formado por uma loja, um bar, um anfiteatro, sala de barricas, laboratórios e escritórios). Situada entre a Vidigueira e Cuba, no baixo Alentejo, a propriedade possui 120 hectares, dos quais 70 são de vinhas e 10 de olivais. Esse projeto também inclui um vinhedo de 4 hectares, que deu origem à vinha do Vale da Mata, nos contrafortes de Serra de Aire, em Cortes, terra de origem de José Ribeiro Vieira, fundador da empresa Movicortes. A equipe enológica é liderada pelos enólogos Catarina Vieira (filha de José) e, seu marido, Pedro Ribeiro.

>>

AD 94 — Bela Luz Vinhas Velhas 2017

TINTO | DOURO | $$$$

Primeiro vinho do Douro elaborado pela Rocim, esse tinto é composto de Vinhas Velhas cultivadas na propriedade da família de Pedro Ribeiro, enólogo da Herdade, com estágio de 16 meses em barricas de carvalho francês de 500 litros e talhas de barro de 140 litros. Fresco e vibrante, mostra notas florais, de ervas e de especiarias doces envolvendo toda sua fruta vermelha, lembrando ameixas e cassis. No palato, impressiona pelos taninos de fina textura, pela acidez pulsante e pelo final longo e persistente, com toques de grafite. Preciso, vertical e muito gostoso de beber.

AD 94 — Santiago na Ânfora do Rocim Alvarinho 2018

BRANCO | MINHO | $$$$$

Fruto da parceria entre a Herdade do Rocim e a Quinta de Santiago, produtor de Monção e Melgaço, esse branco é elaborado exclusivamente a partir de Alvarinho, com fermentação de 50% do vinho em ânforas de barro. Tenso e vibrante, mostra notas florais, de ervas, de especiarias doces e da passagem pela ânfora envolvendo toda sua fruta cítrica, que se mostra tanto no nariz quanto na boca. Vertical, fluido e gostoso de beber, tem acidez vibrante e final persistente, com toques de lima da pérsia e de limão tahiti.

AD 93 — Olho de Mocho Reserva Single Vineyard 2017

TINTO | ALENTEJO | $$$$

Mostra frutas vermelhas e negras de perfil mais maduro, mas com taninos firmes e granulados e refrescante acidez, que trazem sustentação ao conjunto e fluidez ao vinho. Tem final denso e persistente, com toques terrosos, especiados e de ameixas. Mais uma ótima safra desse tinto, cheio de força, de concentração e de finesse.

AD 92

Herdade do Rocim Fresh From Amphora Branco 2019

BRANCO ALENTEJO $$$$

Em garrafas de 1000 ml, pouco usuais para vinhos em geral, esse branco de mínima intervenção é composto de Perrum, Rabo de Ovelha e Manteúdo, com fermentação espontânea (sem adição de leveduras) em talhas de barro, onde é mantido com as peles durante 2 meses antes do engarrafamento. Tenso, vibrante e sem nenhuma concessão ao dulçor, mostra notas florais e de ervas frescas envolvendo sua fruta cítrica e branca, lembrando maçãs e limão, tudo equilibrado por textura firme e cremosa e acidez elétrica. Tem final cativante e persistente, com toques salinos e de hortelã.

AD 92

Herdade do Rocim Fresh From Amphora Tinto 2019

TINTO ALENTEJO $$$$

Composto de Moreto, Tinta Grossa e Trincadeira, com estágio de 2 meses em ânforas de barro. Apresenta aromas de frutas vermelhas, de especiarias, balsâmicos, florais e de ervas, que se confirmam no palato. Gostoso de beber, ostenta tensão e frescor, com acidez afiada, taninos finos e de ótima textura e final persistente, com notas de cerejas e terrosas.

AD 92

Herdade do Rocim Reserva Tinto 2018

TINTO ALENTEJO $$$

Corte de 40% Touriga Nacional, 40% Alicante Bouschet e 20% Aragonez, com estágio de 14 meses em barricas de carvalho francês (40% novas). Em um estilo mais fresco que a safra 2017, exibe frutas vermelhas, floral, ervas, especiarias e discreta nota empireumática. No palato, tem acidez vibrante, taninos finos e de ótima textura e final longo, com toques de ameixas e de violetas.

»

AD 91

Herdade do Rocim Branco 2019

BRANCO ALENTEJO $$$

Composto de Antão Vaz, Viosinho e Arinto, sem passagem por madeira. Vibrante e refrescante, mostra frutas brancas e cítricas seguidas de notas florais, de ervas e de especiarias, tanto no nariz quanto na boca. No palato, chama atenção pela acidez elétrica, pela textura firme e cremosa e pelo final cativante e tenso, com toques salinos e de limão tahiti.

AD 91

Herdade do Rocim Indígena Orgânico 2019

TINTO ALENTEJO $$$

Indígena é o primeiro vinho biológico produzido pela Herdade do Rocim. 100% Alicante Bouschet, com estágio de 9 meses em tanques de concreto. Mostra frutas negras maduras, balsâmico, especiarias e ervas. Estruturado e gastronômico, tem boa concentração de sabor, acidez refrescante, taninos numerosos e finos e final longo e suculento, com notas de amoras e de pimenta preta.

AD 91

Mariana Branco 2019

BRANCO ALENTEJO $$$

Sempre consistente, essa é mais uma ótima edição desse branco, que esbanja frutas brancas e de caroço maduras escoltadas por vibrante acidez, textura firme e cremosa e final persistente e tenso, com toques salinos, cítricos e de pêssegos.

AD 91

Mariana Tinto 2019

TINTO ALENTEJO $$$

Puro suco de amoras e de ameixas acompanhado de notas florais, de ervas e de especiarias doces, com sua acidez refrescante e seus taninos finos de ótima textura temperando o conjunto. Gostoso de beber, tem final suculento, com toques terrosos e cítricos. Difícil vai ser ficar na primeira taça.

AD 91

Vale da Mata Branco 2018

BRANCO LISBOA $$$

Franco nos aromas e nítido nos sabores, mostra frutas brancas e de caroço maduras escoltadas por notas florais, de ervas e de especiarias doces, tudo sustentado por acidez vibrante e textura firme e cremosa. Tem final suculento e vertical, com toques cítricos, salinos e de giz.

AD 91

Vale do Rocim Tinto 2019

TINTO ALENTEJO $$$

Corte de Touriga Nacional, Aragonez e Alicante Bouschet, com estágio de 6 meses em barricas de carvalho francês. Cativante nos aromas, mostra framboesas e cassis envoltos por notas florais e de ervas especiarias doces, que se confirmam no palato. Frutado e muito gostoso de beber, tem taninos aveludados, acidez na medida e final persistente e agradável, com toques terrosos e de amoras.

>>

VINHOS

AD 90

Herdade do Rocim Tinto 2019

TINTO ALENTEJO $$$

Tinto composto de Touriga Nacional, Aragonez e Alicante Bouschet, com estágio de 6 meses em barricas de carvalho francês e mais 6 meses em garrafa. Franco e fragrante, exibe frutas vermelhas e negras maduras, especiarias doces, balsâmico e notas florais, que se confirmam no palato. Tem acidez pronunciada, taninos finos e de boa textura e final médio/longo.

AD 90

Mariana Rosé 2019

ROSÉ ALENTEJO $$$

Rosado composto de 60% Touriga Nacional e 40% Aragonez, sem passagem por madeira. Mostra fruta de boa qualidade, lembrando cerejas e framboesas, além notais florais e de ervas. Tem acidez pronunciada, gostosa textura e final médio e cativante.

HERDADE DOS GROUS

Região:
Alentejo
Enólogo:
Luís Duarte
Site: www.herdadedosgrous.pt/pt/
Enoturismo: Sim
Importadora: Épice

Herdade dos Grous é um projeto que pertence ao grupo Vila Vita Hotels. As vinhas estendem-se ao longo de cerca de 93 hectares, plantadas com castas típicas alentejanas (como Antão Vaz e Aragonez) e internacionais. O enólogo é o renomado Luís Duarte.

AD 92

Herdade dos Grous Tinto 2018

TINTO | ALENTEJO | **$$$**

Mostra frutas vermelhas e negras de perfil mais maduro, mas com refrescante acidez e taninos firmes e de grãos finos, que trazem sustentação ao conjunto e fluidez ao vinho. Tem final concentrado e persistente, com toques terrosos, especiados, de ameixas e de grafite.

JOÃO PORTUGAL RAMOS

Região:
Alentejo
Enólogo:
João Portugal Ramos
Site: www.jportugalramos.com
Enoturismo: Sim
Importadoras: Casa Flora/Porto a Porto

Personagem de respeito no Alentejo, João Portugal Ramos foi um dos responsáveis por colocar em evidência a região e transformá-la numa referência para os vinhos do Novo Mundo. De início, exerceu a agronomia, depois a enologia como consultor e, finalmente, produtor. Ramos introduziu mudanças no setor vitivinícola e passou a se focar na qualidade e tipicidade das bebidas. Em 1989, iniciou seu projeto pessoal em Estremoz, com 5 hectares de vinhas, e, em 1992, realizou sua primeira vindima (que deu origem ao primeiro vinho próprio, o Vila Santa). Durante sua trajetória, João também participou do desenvolvimento dos vinhos do Tejo, Dão, Estremadura e outras regiões. Hoje, o grupo João Portugal Ramos controla aproximadamente 600 hectares de vinhas, entre próprias e arrendadas, e está presente nas regiões de Alentejo, Beiras, Douro e Vinhos Verdes.

AD 90

Marquês de Borba Branco 2017

BRANCO ALENTEJO $$

Composto a partir de Antão Vaz, Arinto e Viognier, mostra frutas brancas e de caroço maduras seguidas de notas florais e de ervas, que aparecem tanto no nariz, quanto na boca, tudo equilibrado por textura cremosa e refrescante acidez. Tem final cremoso e persistente, com toques salinos e cítricos.

KELMAN

Região:
Dão
Enólogos:
Rafael e Juliana Kelman
Site: www.kelman.pt
Enoturismo: Não
Importadora: Portus Cale

Localizada em Nelas, no coração do Dão, Kelman é uma empresa familiar que detém 6 hectares de vinhedos (plantados no ano 2000), distribuídos com castas tradicionais da região, sendo a Touriga Nacional a variedade predominante (ocupando cerca de 50% das vinhas). Mais recentemente, 1,5 hectares de vinhas velhas foram incorporados à propriedade. A vinícola é administrada por Juliana e Rafael Kelman.

AD 92

Kelman Alfrocheiro 2016

TINTO DÃO $$$

Passa 6 meses parte em barrica de carvalho francês de terceiro uso e parte em aço inoxidável. De coloração rubi intensa, uma característica dessa uva, mostra aroma de frutas vermelhas silvestres frescas e notas balsâmicas. Vinho encorpado e suculento, com boa acidez e taninos finos. Seus aromas e sabores vão ganhando maior expressão após algum tempo em taça.

AD 92

Kelman Touriga Nacional 2015

TINTO	DÃO	$$$

Tinto 100% Touriga Nacional, com uma produção em torno de 2.340 garrafas nesta safra de 2015. Traduz o DNA do Dão, com frutas negras maduras, empireumático, violeta, menta e notas terrosas. Estruturado e frutado, tem acidez afiada, taninos finos e de boa textura e final amplo e persistente, com toques salinos e de cacau.

LAVRADORES DE FEITORIA

Região:
Douro
Enólogo:
Paulo Ruão
Site: www.lavradoresdefeitoria.pt
Enoturismo: Sim
Importadora: Adega Alentejana

Instituída em 2000, a Lavradores de Feitoria originou-se da parceria de 15 lavradores, proprietários de 18 quintas na região do Douro, distribuídas pelas sub-regiões de Baixo Corgo, Cima Corgo e Douro Superior. Atualmente, compõe a estrutura da empresa 48 acionistas, dos quais 15 são produtores de uva, e 19 quintas, formando, conjuntamente, pouco mais de 600 hectares de vinhedos. A empresa apresenta uma ampla gama de castas em sua produção, como a Alvarelhão, Tinta Amarela, Tinta Barroca, Tinta Roriz, Tinto Cão, Touriga Francesa e Touriga Nacional, para as tintas, e Boal, Códega, Gouveia, Malvasia, Sauvignon Blanc e Viosinho, para as brancas.

>>

AD 93

Meruge Tinto 2017

TINTO DOURO **$$$$**

Preciso e refinado, tem taninos tensos e de ótima textura e refrescante acidez, que trazem equilíbrio e sustentação a sua fruta vermelha e negra de perfil mais maduro, com as notas florais, de ervas, de tabaco e de especiarias aportanto complexidade. Tem final cheio e persistente, com toques terrosos, de cerejas e de grafite.

AD 92

Três Bagos Reserva Tinto 2016

TINTO DOURO **$$$**

Corte de Touriga Franca, Tinta Roriz e Touriga Nacional, com estágio em barricas de carvalho. Sempre consistente, essa é uma versão mais fresca e tensa desse vinho. Apresenta notas de violeta e de especiarias doces envolvendo toda fruta vermelha e negra, lembrando amoras, ameixas e groselhas. Carnudo, chama atenção pela vibrante acidez e pelos taninos de grãos finos, que trazem equilíbrio ao conjunto e profundidade ao vinho.

AD 91

Chorinho Tinto 2018

TINTO DOURO **$$$**

Mais uma ótima safra desse tinto, com aromas de frutas negras maduras, de especiarias doces, balsâmicos e florais. Tem taninos macios e de ótima textura, acidez refrescante e final médio/longo.

AD 91

Três Bagos Reserva Branco 2019

BRANCO DOURO **$$$**

Apresenta notas florais, de ervas e de frutos secos envolvendo sua fruta lembrando pêssegos e peras, tudo equilibrado por textura firme e cremosa, acidez vibrante e final persistente, com toques cítricos e de umami. Aqui menos é mais. Atenção com ele.

AD 90

Chorinho Branco 2020

BRANCO | DOURO | $$$

Fragrantes aromas de frutas brancas e de caroço de perfil mais fresco, florais e de ervas, que se repetem no palato. Tem acidez afiada, gostosa textura e final cativante, com notas de maçãs e de flor de limoeiro.

LUIS DUARTE VINHOS

Região:
Alentejo
Enólogo:
Luís Duarte
Enoturismo: Não
Importadora: Épice

Um dos mais conceituados enólogos de Portugal, Luis Duarte trabalhou na Herdade do Esporão de 1987 até 2004. A Luís Duarte Vinhos foi fundada oficialmente em 2007 e é atualmente administrada por Luís Duarte e sua esposa, Dora Simões. Controlam dez hectares de vinhedos, plantados com castas autóctones e internacionais, na propriedade Monte do Carrapatelo, em Reguengos de Monsaraz.

AD 93

Rubrica Tinto 2016

TINTO | ALENTEJO | $$$$

Blend de Alicante Bouschet, Touriga Nacional, Aragonez, Syrah, Petit Verdot e Tinta Miúda, com estágio de 12 meses em barricas de carvalho francês. Apresenta boa complexidade, com notas de frutas escuras maduras, empireumáticas, de especiarias doces, de ervas e terrosas. Estruturado e suculento, destaca-se pelos taninos de textura firme e acidez vibrante, além de final longo e cheio, com toques de ameixas e de alcaçuz. »

AD 91 — Rapariga da Quinta Colheita Seleciona 2018

TINTO ALENTEJO $$$

Corte de Aragonez, Alicante Bouschet e Cabernet Sauvignon, com estágio de 6 meses em barricas de carvalho francês. Franco nos aromas, exibe frutas negras maduras, floral, especiarias e balsâmico, que se repetem no palato. Fresco e gostoso de beber, tem acidez pronunciada, taninos macios e final médio/longo, com notas de cerejas, salinas e de pimenta preta.

LUIS PATO

Regiões: **Bairrada e Beira Atlântico**
Enólogo:
Luis Pato
Site: www.luispato.com
Enoturismo: Sim
Importadora: Mistral

Luis Pato pertence a uma família que produz vinhos, na Quinta do Ribeirinho, desde o século XVIII. Em 1970, seu pai, João Pato, foi o primeiro viticultor a engarrafar o vinho de suas vinhas na região da Bairrada. Sua trajetória, que completa 40 anos em 2020, é marcada pelo pioneirismo herdado do pai e a competência em produzir excelentes vinhos, como, por exemplo, os prestigiados Pé Franco, Vinha Pan e Vinha Barrosa, entre outros. Engenheiro químico de formação, Luis é um dos mais importantes produtores de Portugal e, seguramente, o grande divulgador da variedade Baga no mundo.

AD 95 — Quinta do Ribeirinho Pé Franco Baga 2013

TINTO BAIRRADA $$$$$

Paciência com ele na taça, para que mostre todas suas virtudes. Um tinto austero e de ossos fortes, que sustentam toda sua fruta lembrando cerejas e ameixas acompanhadas de notas florais, terrosas, de tabaco e de ervas secas. Chama atenção pela acidez vibrante, pelos taninos tensos e de grãos finos e pelo final vertical e persistente, confirmando o nariz. Um vinho introspectivo, cheio de nuances de sabores, que vão aparecendo pouco a pouco, convidando sempre a mais um gole.

AD 93 — Vinha Formal Bical 2018

BRANCO BAIRRADA $$$$

Complexo nos aromas e nos sabores. Mostra perfil de frutas brancas e de caroço mais maduras seguidas de notas florais, amanteigadas e de especiarias doces, que se confirmam no palato, tudo sustentado por vibrante acidez e textura firme, que conferem profundidade ao vinho. Tem final untuoso e persistente, com toques cítricos, de umami e de frutos secos.

AD 93 — Vinha Pan 2013

TINTO BAIRRADA $$$$$

Une frescor de acidez e concentração de fruta, tudo sustentado por taninos firmes, tensos e de grãos finos. Austero e intenso, tem final cheio e persistente, com toques terrosos, de ameixas, de ervas e de especiarias doces. Gastronômico por natureza, pede a companhia de carnes mais gordurosas.

>>

AD 92

Pato Rebel 2019

TINTO BEIRA ATLÂNTICO $$$$

Frutado e muito gostoso de beber, chama atenção pela acidez refrescante, pelos taninos tensos e finos e pela qualidade de sua fruta lembrando ameixas. Fluido e de corpo médio, tem final suculento e persistente, que convida a uma segunda taça, de preferência na companhia de embutidos.

AD 91

Luis Pato Baga Bruto

ESPUMANTE BAIRRADA $$$

Espumante rosado 100% Baga elaborado pelo método tradicional. Muito bem feito no estilo mais vinoso, tem acidez refrescante, ótimo volume de boca e textura cremosa e tensa, que equilibram toda sua fruta vermelha e branca madura. Tem final cativante, com toques florais, de ervas, de frutos secos e de especiarias doces.

AD 91

Luis Pato Baga Touriga Nacional 2016

TINTO BAIRRADA $$$

Uma ótima versão desse vinho, que esbanja ameixa e amoras frescas escoltadas por notas florais, de ervas e de especiarias, tudo equilibrado por acidez vibrante e taninos tensos. Tem final suculento e persistente, com toques terrosos. Atenção com ele. Aqui menos é mais.

AD 91

Luis Pato Maria Gomes Bruto

ESPUMANTE BAIRRADA $$$

Muito boa tiragem desse espumante branco elaborado pelo método tradicional e composto a partir de 95% Maria Gomes e 5% Arinto. Mostra frutas brancas e de caroço mais maduras, acompanhadas de notas de fermento, de ervas, de frutos secos e de especiarias doces, tudo envolto por vibrante acidez e textura firme e cremosa. Tem final cheio e persistente, com toques salinos e cítricos.

AD 91

Vinhas Velhas Bical Cercial Sercialinho Branco 2019

BRANCO	BAIRRADA	$$$

Franco nos aromas e nítido nos sabores, tem acidez refrescante e textura firme e cremosa, que envolvem sua fruta lembrando pêssegos e peras. Tem bom volume de boca e final médio/longo, com toques de ervas e de limão siciliano. Para os frutos do mar.

AD 90

Luis Pato Maria Gomes 2019

BRANCO	BAIRRADA	$$$

Apresenta frutas brancas e de caroço de perfil mais fresco acompanhdas de notas florais, de ervas e de frutos secos, que aparecem tanto no nariz quanto na boca. De corpo médio e gostoso de beber, tem acidez na medida, textura cremosa e final também médio, com toques de limão siciliano.

M.O.B.

Região: **Dão**
Enólogos:
Jorge Serôdio Borges, Jorge Moreira e Francisco Olazabal
Enoturismo: Não
Importadora: Adega Alentejana

Os renomados enólogos Jorge Serôdio Borges, responsável por criar com sua esposa Sandra Tavares o Pintas (no projeto Wine & Soul), Jorge Moreira, do Poeira, e Francisco Olazabal, da Quinta do Vale Meão, criaram em 2011 o M.O.B. (formado pelas iniciais de seus sobrenomes) em uma incursão para produzir vinhos no Dão. A escolha recaiu na »

Quinta do Corujão, onde arrendaram 15 hectares de vinhas. Localizada a 500 metros de altitude, na região leste do Dão, próximo a Seia (no sopé da Serra da Estrela).

AD 96

M.O.B. Gauvé Tinto 2015

TINTO | DÃO | **$$$$$**

Impressiona pela concentração e nitidez de sua fruta vermelha e negra, mostrada em harmonia com tensão de taninos e de acidez, que fazem com que o vinho se projete na boca com força. Denso, estruturado e muito persistente, tem final com toques florais, terrosos, de ervas, de ameixas e de grafite. Um tinto ainda jovem, que está excelente agora e que tem todas os requisitos para durar por décadas.

AD 93

M.O.B. Vinha Senna Tinto 2017

TINTO | DÃO | **$$$$**

Mais uma ótima edição desse tinto, que nessa safra mostra frutas negras e vermelhas de perfil maduro, mas equilibradas por taninos firmes e de ótima textura e refrescante acidez, que aportam equilíbrio e fluidez ao vinho. Vertical e cheio, tem final com toques florais, terrossos, de ameixas e de grafite. Gastronômico por natureza, pede a companhia de carré de cordeiro ao molho de ervas.

AD 91

M.O.B. Lote 3 Tinto 2017

TINTO | DÃO | **$$$**

Suculento, gastronômico e de boa complexidade, com notas de frutas escuras maduras, balsâmicas, florais, de ervas, terrosas e de chá preto. Gostoso de beber, tem acidez refrescante, taninos numerosos e de ótima textura e final médio/longo, com notas de mirtilos e de alcaçuz.

MAGNUM VINHOS

Regiões:
Alentejo e Dão
Enólogo:
Carlos Lucas
Site: www.winemagnum.com
Enoturismo: Sim
Importadora: Winebrands

Criada em 2011, a Magnum Vinhos, localizada em Carregal do Sal, tem como protagonista o conceituado enólogo Carlos Lucas, presidente da empresa. O grupo detém diversos projetos, dos quais destaca-se a Quinta do Ribeiro Santo, no Dão (adquirida pela família de Carlos em 1994 e onde foi estabelecido o centro de vinificação da Magnum); em 2018, compraram a Quinta de Santa Maria, também no Dão, que possui 10 hectares de vinhedos e será reestruturada para desenvolver as atividades de enoturismo. No Douro, está a Quinta das Herédias (uma das mais antigas propriedades agrícolas da região). Já no Alentejo, compreende as marcas Maria Mora e Flor de Maio e no Minho, a Quinta de Santana com 23 hectares de vinhedos.

AD 94 | **Ribeiro Santo Vinha da Neve Tinto 2014**

TINTO | DÃO | **$$$$**

Destaca-se pela tensão de taninos, pelo frescor de acidez e pela verticalidade, tudo envolto por muita fruta, lembrando amoras e mirtilos. Preciso e muito nítido, tem textura firme e final longo, muito longo, com toques terrosos, florais, de ervas e de grafite. Ainda muito jovem, está ótimo agora, mas tem tudo para ficar ainda melhor nos próximos 10 anos.

>>

AD 93 | **Ribeiro Santo Vinha da Neve Branco 2018**

BRANCO | DÃO | $$$$

Estruturado e untuoso, mostra frutas brancas e de caroço maduras seguidas de notas florais, de ervas e de especiarias doces, que se confirmam na boca, tudo sustentado por textura firme e cremosa, acidez refrescante e final cheio e longo, com toques cítricos, salinos e de pêssegos. Ainda está jovem e tem tudo para ficar melhor nos próximos 10 anos.

AD 92 | **Ribeiro Santo Encruzado 2019**

BRANCO | DÃO | $$$

Uma versão ainda mais tensa e cheia de frescor. Gostoso de beber, chama atenção pela acidez refrescante e pela textura firme e cremosa, que envolve sua fruta branca e cítrica seguida de notas florais, de ervas e de frutos secos. Tem final persistente e cativante, com toques salinos e de limão siciliano.

AD 92 | **Ribeiro Santo Reserva Tinto 2017**

TINTO | DÃO | $$$

Blend de Touriga Nacional, Alfrocheiro e Tinta Roriz, com estágio de 9 meses em barricas de carvalho francês. Sempre consistente, mostra ameixas e cassis seguidos de notas florais, terrosas, de ervas e de especiarias, tudo sustentando por vibrante acidez e taninos firmes e de grãos finos, que conferem sustentação a sua fruta e fluidez ao conjunto. Tem final longo e cheio, com toques defumados, de amoras, de tabaco e de chá preto.

AD 92

Ribeiro Santo Touriga Nacional 2016

TINTO DÃO $$$

Apresenta típicas notas florais e de ervas da variedade, permeando sua fruta negra lembrando ameixas e amoras. Mas, é no palato que merece atenção, com seus taninos firmes, sua acidez pulsante e seu final persistente, com toques terrosos, de cassis e de grafite.

AD 91

Conto Reserva Tinto 2014

TINTO ALENTEJO $$

Corte de Touriga Nacional, Syrah, Alicante Bouschet, Cabernet Sauvignon, advindas de vinhas de mais de 30 anos, com estágio de 9 meses em barricas de carvalho francês. Austero, mostra ameixas de perfil mais fresco acompanhadas de notas florais, de tabaco, de ervas e de especiarias doces, que se confirmam no palato. Estruturado e refinado, tem taninos firmes e aveludados, acidez na medida e final persistente e agradável, com toques terrosos, de violetas e de alcaçuz.

AD 90

Conto Branco 2019

BRANCO ALENTEJO $$

Composto de Arinto e Antão Vaz, sem passagem por madeira. Esbanja frutas brancas e de caroço maduras seguidas de notas florais e de ervas, que aparecem tanto no nariz quanto na boca, tudo equilibrado por textura firme e cremosa e vibrante acidez. Tem final cativante, com toques cítricos e salinos, que pedem a companhia de pescados brancos em geral.

>>

AD 90

Conto Tinto 2018

TINTO | ALENTEJO | $$

Composto de Trincadeira, Touriga Nacional, Syrah e Aragonez, sem passagem por madeira. Um autêntico e delicioso vinho alentejano, com frutas vermelhas e negras maduras, especiarias, floral e ervas. Suculento e carnudo, tem acidez afiada, taninos numerosos e de ótima textura e final persistente, com notas de amoras e de alcaçuz.

AD 90

Ribeiro Santo Branco 2019

BRANCO | DÃO | $$

Cheio de frutas brancas e de caroço maduras seguidas de notas florais e de ervas frescas, tudo equilibrado por textrua cremosa e vibrante acidez. Tem final persistente e suculento, com toques salinos e cítricos, que pedem mais um gole.

AD 90

Ribeiro Santo Tinto 2019

TINTO | DÃO | $$

Mostra notas de ervas e de especiarias envolvendo sua fruta lembrando ameixas e amoras, com sua acidez refrescante e seus taninos firmes e de boa textura aportando sustentação ao conjunto. Gastronômico por natureza, pede a companhia de carnes ensopadas.

MONTE DO ÁLAMO

Região:
Alentejo
Enólogo:
Filipe Sevinate Pinto
Site: www.montedoalamo.com
Importadora: Vinci

Situada em São Miguel de Manchede, no concelho de Évora, a herdade possui cerca de 1.000 hectares de atividade agrícola desenvolvida há mais de 30 anos pela família Noronha Mendes de Almeida. Em 2001, com a recuperação de algumas vinhas velhas, a empresa iniciou a viticultura ocupando uma área de 32 hectares, dos quais 27 são compostos pelas variedades tintas Aragonês, Alicante Bouschet, Trincadeira, Alfrocheiro e Tinta Caiada e 5 hectares pelas brancas Roupeiro, Arinto e Antão Vaz.

AD 90

ETC. Tinto 2017

TINTO | ALENTEJO | **$$$**

Bem feito no estilo de maior madurez de fruta vermelha e negra, com boa acidez e textura firme aportando sustentação ao conjunto e ao aporte de madeira, que aparece mais do que deveria. Para as carnes vermelhas ensopadas.

AD 90

Plateia Selection Tinto 2019

TINTO | ALENTEJO | **$$$**

Num perfil mais gastronômico, tem taninos firmes e acidez refrescante, que envolvem sua fruta vermelha e negra mais madura. Tem final agradável e cativante, com toques terrosos e de especiarias, que pedem a companhia de embutidos.

>>

VINHOS

AD 89

Plateia Selection Branco 2019

BRANCO | ALENTEJO | $$$

Mostra frutas brancas e de caroço seguidas de notas florais e de ervas, tudo equilibrado por gostosa acidez e textura cremosa. Gostoso de beber e fácil de agradar, pede a companhia de pescados brancos.

MONTE DO PINTOR

Região:
Alentejo
Enólogo:
David Patrício
Site: www.montedopintor.com
Enoturismo: Não
Importadora: Adega Alentejana

Em 1991 foi estabelecida a Sociedade Agrícola da Sossega, proprietária do Monte do Pintor. Situada no concelho de Arraiolos, a propriedade detém aproximadamente 200 hectares, dos quais 30 são de vinhedos, 80 de montado de sobreiros e os restantes de culturas diversas. Atualmente, são comercializadas as marcas Escultor, Monte do Pintor Reserva, Monte do Pintor e Pequeno Pintor, com uma produção média anual de 90.000 garrafas.

AD 93

Escultor Tinto 2016

TINTO | ALENTEJO | $$$$$

Potente e estruturado, impressiona pelos taninos finos e tensos e pela ótima acidez, que trazem sustentação a sua fruta mais madura, lembrando ameixas e amoras. Tem final carnudo e persistente, com toques terrosos, de tabaco e de especiarias doces. Um vinho grande e um grande vinho, ainda está jovem e deve ficar ainda melhor e mais integrado nos próximos 10 anos.

AD 92

Monte do Pintor Tinto 2017

TINTO ALENTEJO $$$

Composto de Castelão, Tinta Miúda, Trincadeira e Aragonez, com estágio de 12 meses em barricas de carvalho francês. Mostra frutas negras maduras, empireumático, eucalipto e especiarias doces, que se confirmam no palato. Estruturado e suculento, tem boa concentração de sabor, acidez refrescante, taninos volumosos e de ótima textura e final longo, com notas de ameixas, de cacau e de alcaçuz.

MOUCHÃO

Região:
Alentejo
Enólogos:
Iain Richardson,
Paulo Laureano e Hamilton Reis
Site: www.mouchao.pt
Enoturismo: Sim
Importadora: Adega Alentejana

Localizada em Sousel, alto Alentejo, Mouchão é uma das vinícolas mais reputadas de Portugal, desde sempre nas mãos da família inglesa Reynolds, que veio ao Alentejo interessada no negócio da cortiça. Com o passar do tempo, plantaram também vinhas e, em 1901, construíram a adega, que permanece praticamente inalterada desde então. A propriedade de mais de 900 hectares conta com 40 de videiras, sendo o vinhedo de Carapetos, plantado com uma seleção massal das primeiras mudas de Alicante Bouschet vindas da França (acredita-se que a família Reynolds tenha sido a pioneira a trabalhar com a cepa na região). A Alicante Bouschet representa cerca de metade da uva tinta produzida na herdade e, além dela, há também Trincadeira, Aragonez, Touriga Nacional, Touriga Franca e Syrah. As variedades brancas são a Antão Vaz, Arinto, Fernão Pires e Verdelho.

»

AD 94

Mouchão Tinto 2014

TINTO | ALENTEJO | $$$$$

Um ano teoricamente mais difícil fez muito bem a esse tinto, que esbanja frutas vermelhas de perfil mais fresco seguidas de notas florais, terrosas e de especiarias doces, tudo sustentado por taninos tensos e firmes e vibrante acidez. Vertical e fluido, tem final longo, com toques terrosos, especiados, de tabaco e de ameixas.

AD 93

Ponte Branco 2019

BRANCO | ALENTEJO | $$$$

Estruturado e refinado, exibe notas de frutas de caroço e tropicais maduras, florais, de gengibre, de especiarias doces e de cera de abelha. Destaca-se no palato pela sua tensão e pela textura firme, além de acidez vibrante e final suculento e longo, com toques salinos, de frutos secos e de camomila.

AD 91

Dom Rafael Branco 2019

BRANCO | ALENTEJO | $$$

Tenso e vibrante, chama atenção pela textura firme e cremosa e pela acidez elétrica, que envolve sua fruta cítrica e de caroço de perfil mais fresco. Tem ótimo volume de boca e final cativante e persistente, com toques de umami e de limão siciliano.

AD 90

Dom Rafael Tinto 2018

TINTO | ALENTEJO | $$$

Mostra perfil de frutas vermelhas e negras mais maduras seguidas de notas especiadas e terrosas, que se confirmam no palato. Carnudo e potente, tem acidez vibrante e taninos firmes, que trazem sustentação ao conjunto.

OPTA

Região:
Dão
Enólogo:
Nuno Cancela de Abreu
Site: www.optawines.com
Enoturismo: Sim
Importadora: Cantu

Instituída em 2013, a Opta é resultado de uma parceria entre Camilo Leite e o enólogo Nuno Cancela de Abreu. A empresa controla 14 hectares e seu portfólio engloba vinhos produzidos nas regiões do Dão, Bairrada, Península de Setubal e Alentejo. As variedades são Encruzado, Malvasia Fina e Cerceal branco, para as uvas brancas, e Tinta Roriz, Alfrocheiro e Touriga Nacional, para as tintas.

AD 92

Opta Reserva Tinto 2017

TINTO | DÃO | $$$

Uma ótima safra desse vinho, que esbanja frutas vermelhas e negras de perfil mais fresco, seguidas de notas florais, de ervas e de especiarias doces, que se confirmam na boca. Fluido e cativante, tem taninos finos e de ótima textura, vibrante acidez e final persistente, com toques terrosos, de ameixas e de umami.

AD 91

Opta Encruzado 2019

BRANCO | DÃO | $$$

Exuberante nos aromas, mostra melão e pêssegos permeados por notas florais, de ervas e de especiarias brancas. Mas, é no palato que merece atenção, com sua acidez refrescante, sua textura firme e seu final persistente, com toques cítricos e salinos.

»

AD 90

Opta Branco 2019

BRANCO | DÃO | $$

Tenso e fresco, mostra frutas brancas e de caroço seguidas de notas florais e de ervas, que aparecem tanto no nariz quanto na boca. Tem ótima acidez, textura firme e final médio/longo, com toques cítricos e de pêssegos.

PALÁCIO DA BREJOEIRA

Região:
Minho
Enólogo:
João Garrido
Site www.palaciodabrejoeira.pt
Enoturismo: Sim
Importadora: Vinci

Localizada na freguesia de Pinheiros, no concelho de Monção, o Palácio da Brejoeira foi construído no início do século XIX. Maria Hermínia Silva d'Oliveira Paes foi peça fundamental na história da propriedade (adquirida pelo seu pai no final da década de 1930), sendo a responsável pela reestruturação da Brejoieira e pela implementação, na década de 1960, dos primeiros hectares de vinhedos da casta Alvarinho. Em 1974, Paes construiu uma adega e, dois anos mais tarde, em 1976 foi lançado o Palácio da Brejoeira Alvarinho, engarrafado na origem. Instituída como empresa em 1999, a propriedade tem como atividade primária a produção vinícola.

AD 94

Palácio da Brejoeira Alvarinho 2019

BRANCO MINHO **$$$$**

Sempre consistente, essa é mais uma ótima versão desse clássico do norte do Minho. Cheio de tipicidade, mostra pêssegos e peras escoltados por notas florais, de ervas e de frutos secos, com sua textura firme e tensa e sua acidez refrescante, conferindo profundidade e fluidez ao vinho. Tem final persistente, com toques cítricos.

PALÁCIO DO BUÇACO

Região:
Bairrada
Enólogo:
António Rocha
Site: www.almeidahotels.pt
Enoturismo: Sim
Importadora: Mistral

O Palácio do Buçaco começou a ser construído em 1888 e depois foi transformado em hotel de luxo por Alexandre de Almeida. Após visitar hotéis luxuosos na França e perceber que todos ostentavam adegas. Assim, Almeida decidiu criar, em 1917, um vinho do hotel, para que seus hóspedes pudessem se deleitar durante suas estadias. A propriedade trabalha com alguns vinhedos próprios, mas também comprando uvas de produtores locais, com quem têm relações há anos. O blend do tinto costuma ter partes iguais de Baga e Touriga, mas com um toque a mais de Baga, e do branco, a mistura das três castas Encruzado, Maria Gomes e Bical, também costuma ser homogênea, mas sem uma regra fixa. Os vinhos estagiam cerca de três (brancos) ou quatro anos (tintos), todos com um ano de passagem por barricas francesas, antes de serem vendidos. Durante vários anos, o vinho do Buçaco esteve restrito aos hóspedes do hotel (somente lá podia ser degustado, pois não era vendido em outro lugar). Hoje, apesar de algumas » poucas garrafas serem comercializadas fora do hotel (o Brasil é um dos poucos países a importar seus vinhos), o nome Buçaco ressoa imponente mundo afora. Por ficar entre a Bairrada e o Dão, o vinho do Buçaco não pertence a nenhuma Denominação de Origem, sendo rotulado apenas como "tinto de mesa".

AD 95 | **Buçaco Reservado Tinto 2015**

TINTO | BAIRRADA | $$$$$

No melhor estilo velha escola, essa é uma edição ainda mais austera, fresca e frutada desse tinto, que impressiona pelos taninos firmes, tensos e de grãos finos e pela acidez vibrante, que envolvem o conjunto e aportam fluidez e verticalidade ao vinho. Tem final denso e persistente, com toques terrosos, de tabaco, de ameixas e de especiarias doces. Ainda está jovem e tem tudo para ficar ainda melhor nos próximos 10 anos.

AD 94 | **Buçaco Reservado Branco 2016**

BRANCO | BAIRRADA | $$$$$

Um clássico. Sempre em plena forma, nessa versão mostra-se mais tenso e vibrante, com sua acidez refrescante e sua textura firme e cremosa envolvendo sua fruta branca e de caroço madura seguida de notas florais, de ervas e de especiarias doces. Cativante, tem final persistente, com toques cítricos, de camomila e de frutos secos. Está ótimo agora, mas tem tudo para ficar ainda melhor nos próximos 10 anos.

AD 94 | **Buçaco Reservado Rosé 2017**

ROSÉ BAIRRADA $$$$$

Rosado 100% Baga, fermentado e estagiado durante 6 meses com suas borras finas em barricas de carvalho, esbanja frutas vermelhas acompanhadas por notas terrosas, de ervas e de frutos secos, tudo sustentado por acidez refrescante e textura firme. Tenso e vibrante, alia concentração e verticalidade. Preciso e refinado, tem final longo, com toques cítricos, salinos e de frutos secos. Diferente, inusitado, mas acima de tudo um grande vinho, independentemente de seu estilo ou de sua cor.

PARRAS WINES

Regiões:
Alentejo e Lisboa
Enólogo:
Carlos Eduardo
Site: parras.wine/pt/
Enoturismo: Sim
Importadora: Domno

Parras Wines é um dos grandes grupos produtores de vinho de Portugal. A empresa, fundada em 2010 por Luís Vieira, está presente em seis importantes regiões vinícolas do país: Douro, Dão, Alentejo, Vinhos Verdes, Lisboa e Tejo.

>>

VINHOS

AD 89

Partitura Reserva Tinto 2018

TINTO | ALENTEJO | $$

Bem feito na linha de frutas vermelhas mais maduras, com acidez refrescante e taninos de boa textura, que trazem equilíbrio ao conjunto. De corpo medio, tem final com toques terrosos, especiados e de cacau.

AD 89

Urbanista Tinto 2019

TINTO | LISBOA | $$

Franco, direto e gostoso de beber, esbanja frutas vermelhas acompanhadas de notas florais e de ervas. No palato, tem acidez refrescante, taninos de boa textura e final agradável e cativante, com toques de amoras. Aqui menos é mais.

PAULO LAUREANO VINUS

Região:
Alentejo
Enólogo:
Paulo Laureano
Site: www.paulolaureano.com
Enoturismo: Não
Importadora: Adega Alentejana

Criada em 1999, a Paulo Laureano Vinus iniciou com um pequeno vinhedo junto a Évora e, em 2006, o projeto tomou maior forma com a aquisição de 75 hectares de vinhas na região de Vidigueira (Alentejo), onde se estabeleceu a sede da vinícola. Paulo Laureano, um dos mais renomados enólogos portugueses, privilegia as castas portuguesas para produzir seus vinhos e, atualmente, conta com a Aragonez, Trincadeira, Alicante Bouschet, Alfrocheiro, Tinta Grossa e Touriga Nacional, no rol das variedades tintas, e Antão Vaz, Arinto, Roupeiro, Verdelho, Terrantez e Loureiro, na relação das castas brancas.

AD
93

Dolium Reserva 2014

TINTO ALENTEJO $$$$$

Grande por onde o analise, é um tinto que esbanja harmonia entre sua acidez vibrante, seus taninos firmes e tensos e sua fruta madura e concentrada, mostrando-se cheio e profundo, mas também refinado e muito preciso. Paciência com ele na taça ou na garrafa. Está ótimo agora, mas tem tudo para ficar ainda melhor nos próximos 15 anos.

AD
92

Bacalhau Escolha Branco 2018

BRANCO ALENTEJO $$$

Mostra pêssegos e peras maduras seguidas de notas florais, de ervas, de frutos secos e de especiarias doces, que aparecem tanto no nariz quanto na boca, tudo equilibrado por refrescante acidez e textura firme e cremosa. Preciso, tem final untuoso e refinado, com toques cítricos.

AD
92

Bacalhau Escolha Tinto 2015

TINTO ALENTEJO $$$$

Apresenta notas especiadas, florais, de cedro e de ervas envolvendo sua fruta de perfil mais maduro, lembrando ameixas e amoras. Tenso e concentrado ao mesmo tempo, tem taninos firmes e arenosos e ótima acidez, que trazem sustentação ao conjunto.

AD
91

Vinhas Velhas Private Selection Branco 2018

BRANCO ALENTEJO $$$

Tenso e fresco, chama atenção pela textura firme e cremosa e pela acidez vibrante, que sustentam sua fruta branca e de caroço, que conferem fluidez e profundidade ao vinho. Tem final cativante e persistente, com toques cítricos e salinos.

>>

AD 91 — Vinhas Velhas Private Selection Tinto 2017

TINTO | ALENTEJO | $$$$

Potente e untuoso, mostra perfil mais maduro de frutas vermelhas e negras, com sua acidez refrescante e seus taninos de ótima textura trazendo equilíbrio ao conjunto. Tem final carnudo, com toques florais, terrosos, de cacau e de tabaco.

AD 90 — Paulo Laureano Eleição do Enólogo Tinto 2018

TINTO | ALENTEJO | $$

Mais uma ótima versão desse blend de variedades típicas portuguesas, sem passagem por madeira. Acessível e gostoso de beber, mostra frutas negras seguidas de notas florais, de ervas e de especiarias. No palato, é fluido e redondo, com acidez refrescante e taninos macios e de boa textura, que pedem uma segunda taça. Aqui menos é muito mais.

AD 89 — Paulo Laureano Eleição do Enólogo Branco 2018

BRANCO | ALENTEJO | $$

Sem madeira, é composto a partir do blend de diversas variedades brancas autóctones portuguesas. Mostra frutas tropicais e de caroço envoltas por notas herbáceas e florais. Refrescante, gostoso de beber e fácil de agradar, tem ótima acidez, textura firme e cremosa e final médio/longo, com toques salinos e cítricos.

PESSOA WINES

Regiões:
Douro e Minho
Enólogo:
Jorge Golçalves
Site: www.pessoawines.com
Enoturismo: Não
Importadora: World Wine

Pessoa Wines nasceu em 2009 de uma parceria entre o enólogo Jorge Gonçalves e a vinícola sul-africana Man Famlily Wines. Natural da Alemanha, Gonçalves decidiu empreender na terra de seus pais, primeiramente no Douro, onde já havia trabalhado como enólogo em uma pequena quinta em Cima Corgo; em 2013, no Minho; e mais recentemente, em 2018, na região da Beira Interior, ao lado do rio Tejo. O portfólio da Pessoa Wines engloba as linhas Terroir, Heteronyms e Season. A empresa conta com grande contribuição de brasileiros, com Lívia Novais, (sommelière e esposa de Jorge) como diretora de marketing e com artistas na criação dos rótulos, inspirados no cinema e nas cenas da história portuguesa.

AD 90

Pessoa Wines Terroir ReservaTouriga Nacional 2015

TINTO | DOURO | **$$$**

De boa tipicidade, mostra notas florais e de especiaris doces envolvendo sua fruta vermelha e negra de perfil mais maduro. Tem taninos de boa textura, acidez refrescante e final persistente, com toques terrosos, de ameixas e de grafite.

»

AD 89

Pessoa Wines
Terroir Blend Vinho Verde 2019

BRANCO MINHO $$$

Repleto de frutas brancas e de caroço seguidas de notas florais e de ervas, tudo equilibrado por textura firme, acidez elétrica e final agradável, com toques cítricos.

POÇAS

Região: **Douro**
Enólogo:
Jorge Manuel Pintão
Site: www.pocas.pt
Enoturismo: Sim
Importadora: Cantu

Fundada em 1918, a empresa familiar Poças, em seus primórdios, produzia apenas aguardente vínica para companhias de vinho do Porto, como a Casa Ferreira. Em 1934, com o monopólio estatal imposto pelo governo Salazar para a distribuição de aguardentes, a empresa converteu-se em produtora de vinho do Porto. Hoje, além de vários estilos de Porto, Poças produz também uma gama de vinhos tranquilos (tintos e brancos). O grupo detém três quintas no Douro, distribuídas uma em cada sub-região, a Quinta das Quartas (Baixo Corgo), onde é o centro de vinificação da Poças e possui uma área de 2,5 hectares de vinhas; a Quinta de Santa Bárbara (Cima Corgo) com uma extensão de 33 hectares cultivados; e a Quinta de Vale de Cavalos (Douro Superior) com 51 hectares de vinhedos.

AD 92

Poças 20 Years Old Tawny

FORTIFICADO | DOURO | $$$$$

Fortificado composto de Touriga Nacional, Touriga Franca, Tinta Roriz, Tinta Barroca e Tinto Cão, a partir de vinhas com idade entre 40 e 60 anos. Apresenta boa complexidade, com notas de frutos secos, cítricas, de especiarias doces e florais. No palato, chama atenção pela acidez vibrante e pelos taninos finos, além de gostosa textura e final persistente.

AD 92

Poças Reserva Tinto 2015

TINTO | DOURO | $$$

Austero e vertical, mostra frutas vermelhas e negras de perfil mais fresco, escoltadas por notas florais, terrosas, de ervas e de especiarias doces. Mas, é na boca que merece atenção, com sua refrescante acidez, seus taninos de grãos finos e seu final carnudo e suculento, com toques de ameixas, de alcaçuz e de grafite.

AD 92

Poças Vale de Cavalos Tinto 2019

TINTO | DOURO | $$$

Mais uma ótima edição desse tinto, dessa vez privilegiando o perfil mais fresco de fruta, com taninos tensos e vibrante acidez, que trazem fluidez e profundidade ao vinho. Tem final longo, com toques florais, de ervas e de amoras, que convidam a uma segunda taça. Atenção com ele. Aqui menos é muito mais.

>>

VINHOS

AD 91

Poças 10 Years Old Tawny

FORTIFICADO DOURO $$$$

Intenso e vibrante, mostra ameixas maduras e em compota acompanhadas de notas florais, de ervas e de especiarias doces, que se confirmam no palato, com acidez afiada e taninos de ótima textura, que conferem profundidade ao conjunto e fluidez ao vinho. Tem final agradável e persistente, convidando a uma segunda taça.

AD 91

Poças Coroa D'Ouro Tinto 2018

TINTO DOURO $$

Franco nos aromas e nítido nos sabores, surpreende pela qualidade de sua fruta negra de perfil mais fresco, que lembra amoras e ameixas, tudo equilibrado por taninos tensos e de grãos finos e vibrante acidez. Tem final cativante e persistente, pedindo a companhia de embutidos em geral.

AD 90

Poças Porto Ruby

FORTIFICADO DOURO $$$

Esbanja ameixas e amoras maduras acompanhadas por notas florais, de ervas e de especiarias doces. Tem taninos firmes e gostosa acidez, que trazem equilíbrio ao conjunto. Para as sobremesas conventuais.

AD 89

Poças Porto Tawny

FORTIFICADO DOURO $$$

De boa tipicidade, mostra notas florais e de especiaris doces envolvendo sua fruta seca e em compota. Sirva-o mais resfriado, de preferência na companhia de sobremesas a base de castanhas.

AD 89

Poças Porto White

FORTIFICADO DOURO $$$

Fragrantes aromas de frutos secos, mel, ervas e florais, que se confirmam no palato. Tem vibrante acidez, deliciosa textura e final longo, com toques de nozes e de amêndoas.

QUANTA TERRA

Região:
Douro
Enólogo:
Celso Pereira e Jorge Alves
Site: www.quantaterradouro.com
Enoturismo: Sim
Importadora: Adega Alentejana

Os enólogos Celso Pereira e Jorge Alves, após dois anos de estudos em diversas propriedades na região do Douro, iniciaram uma sociedade em 1998, com o projeto Quanta Terra. A escolha recaiu na Quinta do Tralhão, localizada no Douro Superior, e no ano seguinte, a partir de uma parceria estabelecida com Mário Joaquim (dono da propriedade), lançaram o primeiro vinho, o Quanta Terra Tinto 1999. A produção atual engloba as referências Pouca Terra, Terra a Terra, Quanta Terra Grande Reserva (todos com opções de tinto e de branco) e as edições especiais Golden Edition Branco e Manifesto Tinto.

AD 92

Quanta Terra Branco 2017

BRANCO DOURO $$$$

Cheio de pêssegos e de peras acompanhadas de notas florias, de ervas frescas e de especiarias doces, que se confirmam na boca. Estruturado, tem acidez vibrante, textura cremosa e final untuoso e persistente, com toques cítricos, salinos, defumados e de frutos secos. »

AD 92

Quanta Terra Grande Reserva Tinto 2015

TINTO | DOURO | $$$$

Untuoso e potente, mostra ameixas maduras e em compota acompanhadas de notas florais, terrosas, de ervas secas e de especiarias doces, com textura firme e acidez refrescante, que trazem equilíbrio e sustentação ao conjunto. Tem final carnudo e tenso, que pede a companhia de carnes vermelhas assadas ou ensopadas.

AD 92

Terra a Terra Reserva Tinto 2014

TINTO | DOURO | $$$

Blend de uvas Touriga Nacional, Tinta Roriz e Touriga Franca, cultivadas no vale do Tua, onde o solo é predominantemente xistoso, com estágio de 16 meses em barricas de carvalho francês. Mostra aromas de frutas negras acompanhados de notas de ervas, de violeta e de especiarias doces. Carnudo e sedutor, tem taninos finos e de ótima textura, acidez refrescante e final cheio e persistente, com toques terrosos, de ameixas, de cassis e de alcaçuz. Um Douro de carteirinha, que está ótimo agora, mas deve ficar ainda melhor nos próximos 5 anos.

AD 90

Pouca Terra Branco 2019

BRANCO | DOURO | $$$

Franco nos aromas e direto sabores, esbanja frutas cítricas e brancas maduras acompanhadas de notas florais e de ervas, tudo sustentado por refrescante acidez e textura firme e cremosa. Para as entradas leves.

AD 90

Pouca Terra Tinto 2019

TINTO | DOURO | $$$

Apresenta frutas vermelhas maduras, balsâmico, floral e ervas, que se repetem no palato. Saboroso e cativante, tem acidez afiada, taninos macios e de boa textura e final médio, com notas de ameixas em compota e de menta.

QUINTA DA ALORNA

Região:
Tejo
Enóloga:
Martta Reis Simões
Site: www.alorna.pt
Enoturismo: Sim
Importadora: Adega Alentejana

A Quinta da Alorna, perto de completar três séculos, teve sua história iniciada em 1723 - data estampada no rótulo dos vinhos que hoje produz - com a compra da enorme propriedade às margens do Tejo por D. Pedro de Almeida Portugal, que viria a tornar-se o primeiro Marquês de Alorna. Na segunda metade do século XVIII, a propriedade tornou-se um polo de intensa atividade social e artística, principalmente com D. Leonor de Almeida Lorena e Lencastre, neta de D. Pedro, a quarta (e mais famosa) Marquesa de Alorna. Ela escreveu um vasto conjunto de obras e influenciou outros poetas do arcadismo português na época. O nome "Marquesa de Alorna", que hoje identifica os vinhos top da quinta, foi dado em sua homenagem. Em 1918, a quinta passou às mãos dos atuais proprietários, quando foi comprada por Manoel Caroça, que progressivamente transferiu a gestão dos negócios à filha Fernanda e ao genro Fausto Lopo de Carvalho. Hoje, a vinícola compõe-se de duas empresas, administradas pela quarta e quinta gerações da família, e produz aproximadamente 2,5 milhões de garrafas de vinho por ano.

AD 93 | **Marquesa de Alorna Grande Reserva Branco 2017**

BRANCO TEJO **$$$$**

Complexo nos aromas e nos sabores, mostra notas de resina, de camomila e de frutos secos bem equilibradas por refrescante acidez, textura cremosa e firme e final persistente, com toques salinos e cítricos. Alia com maestria concentração, frescor e tensão de fruta.

>>

AD 92

Marquesa de Alorna Grande Reserva Tinto 2016

TINTO | TEJO | $$$$

Encorpado e opulento, mostra perfil de frutas vermelhas e negras mais maduras seguidas de notas terrosas, especiadas e de tabaco, com boa acidez e taninos de grãos finos, que trazem equilíbrio ao conjunto e sustentação ao aporte de madeira. Para as carnes vermelhas mais gordurosas.

AD 91

Quinta da Alorna Reserva Arinto Chardonnay 2019

BRANCO | TEJO | $$$

Grata surpresa, esbanja frutas brancas e cítricas, seguidas de notas florais, de ervas e de frutos secos, que se confirmam no palato. De corpo médio e muito gostoso de beber, tem acidez vibrante, textura cremosa e final também médio, com toques salinos e de limão siciliano.

AD 91

Quinta da Alorna Reserva Touriga Nacional Cabernet Sauvignon 2017

TINTO | TEJO | $$$

De perfil gastronômico, tem acidez refrescante e taninos firmes e de boa textura, que envolvem e trazem sustentação a sua fruta vermelha e negra de perfil mais maduro. Tem final suculento, com toques terrosos, especiados e de ameixas, que pedem a companhia de cordeiro assado.

AD 90

Quinta da Alorna Tinto 2018

TINTO | TEJO | $$

Cativante nos aromas, com frutas negras maduras, balsâmico, floral e ervas, que se confirmam no palato. Tem acidez pronunciada, taninos macios e final médio/longo, com notas de ameixas e de cedro.

AD 88

Alorna Portas do Sol Tinto 2019
TINTO | TEJO | $

QUINTA DA CALÇADA

Região:
Minho
Enólogo:
João Cabral Almeida
Site: www.calcadawines.com
Enoturismo: Sim
Importadoras: La Pastina e World Wine

Constituída em 1917, por Lago Cerqueira, a Quinta da Calçada está localizada na sub-região de Amarante, relevante denominação de origem da região dos Vinhos Verdes. Dos mais de 50 hectares de vinhas administrados, destaca-se uma parcela, de aproximadamente 0,5 hectare, certificada como a mais antiga dos Vinhos Verdes. Em 2001, a empresa incorporou um hotel ao projeto Calçada, o qual, dois anos mais tarde, foi integrado a rede Relais & Châteaux.

AD 93

Quinta da Calçada Vinhas Velhas Branco 2016

BRANCO | MINHO | **$$$$**

Concentrado, mas também austero e de textura firme, esbanja tensão e muita fruta branca e de caroço madura, tudo envolto por refrescante acidez, ótimo volume de boca e final cremoso e persistente, com toques salinos, cítricos e amanteigados.

AD 91

Quinta da Calçada Reserva Branco 2018

BRANCO | MINHO | **$$$**

Blend de Alvarinho e Loureiro, tem perfil de maior madurez de fruta sustentado por acidez elétrica, textura firme e cremosa e final suculento e persistente, repleto de pêssegos e de toques cítricos. Fluido e gostoso de beber, deve ficar ainda melhor na companhia de lulas.

AD 90

Portal da Calçada Reserva Branco 2019

BRANCO | MINHO | $$$

Fresco e vibrante, esbanja frutas cítricas e brancas maduras equilibradas por textura firme e acidez elétrica. De corpo médio, tem final cativante, que pede a companhia de peixes brancos grelhados.

AD 90

Quinta da Calçada Terroir Alvarinho 2019

BRANCO | MINHO | $$$

Mostra pêssegos e peras escoltados por notas florais, de ervas e de frutos secos, que aparecem tanto no nariz quanto na boca. Cativante, de boa tipicidade e gostoso de beber, tem acidez vibrante, textura cremosa e final médio/longo, com toques salinos e cítricos.

AD 89

Lago Cerqueira Branco 2019

BRANCO | MINHO | $$

Cativante, mostra notas florais e de ervas, que aparecem tanto no nariz quanto na boca, com sua vibrante acidez ditando as regras. Tem final médio/longo, com toques salinos e cítricos. Para o aperitivo, bem geladinho.

AD 89

Lago Cerqueira Rosé 2019

ROSÉ | MINHO | $$

Sempre consistente, esbanja frutas vermelhas e cítricas acompanhadas de cativantes notas florais e de ervas, que convidam a mais uma taça, de preferência na companhia de entradas leves. Uma delícia, que se bebe perigosamente fácil.

AD 89

Portal da Calçada Reserva Rosé 2019

ROSÉ | MINHO | $$$

Mostra morangos e maçãs de perfil maduro envoltos por notas florais e de ervas, tudo equilibrado por acidez vibrante e boa textura. Fácil de beber e de agradar, difícil vai ser ficar na primeira taça.

QUINTA DA FALORCA

Região:
Dão
Enólogos:
Carlos Figueiredo e Pedro Figueiredo
Site: www.qve.pt
Enoturismo: Sim
Importadora: World Wine

Localizada em Silgueiros (Dão), a Quinta Vale das Escadinhas é administrada pela quinta geração da família Figueiredo. Também conhecida como Quinta da Falorca, designação atribuída ao rótulo de seus vinhos, a vinícola lançou o primeiro vinho com marca própria em 1999, antes trabalhava em parceria com cooperativas. A Falorca segue os princípios da agricultura sustentável e, com 13 hectares de vinhedos, produz aproximadamente 85% de uvas tintas (Touriga Nacional, Tinta Roriz, Alfrocheiro, Tinta Pinheira e Jaen) e 15% de castas brancas (Encruzado e Malvasia).

AD 95

Quinta da Falorca Garrafeira Old Vines 2015

TINTO DÃO $$$$$

Impressiona pela precisão e equilíbrio do conjunto, tudo envolto por muita fruta vermelha e negra madura no ponto certo, sustentadas por acidez vibrante e taninos tensos e de grãos finos, que fazem com que o vinho se projete na boca com força, profundidade e persistência. Tem final longo e vertical, com toques de amoras, de ervas e de violetas. Está ótimo agora, mas tem tudo para ficar ainda melhor nas próximas décadas.

QUINTA DA LAGOALVA DE CIMA

Região:
Tejo
Enólogos:
Diogo Campilho e Pedro Pinhão
Site: www.lagoalva.pt
Enoturismo: Sim
Importadora: Mistral

A Quinta da Lagoalva, localizada na freguesia de Santo Eustáquio de Alpiarça, foi uma das pioneiras em acreditar no potencial da região do Tejo. Os 45 hectares de vinhedos são constituídos com variedades portuguesas e internacionais, com as brancas Sauvignon Blanc, Alvarinho, Arinto, Fernão Pires, Verdelho e Chardonnay e as tintas Touriga Nacional, Alfrocheiro, Tinta Roriz, Cabernet Sauvignon, Syrah,

Tannat e Castelão. A vinícola também se dedica a produção de azeites, provenientes de oliveiras de origem italiana plantadas há cerca de 200 anos, com as variedades Frantoio e Moraiolo.

AD 92

Lagoalva Reserva Arinto & Chardonnay 2019

BRANCO TEJO **$$$$**

Mostra frutas brancas e cítricas de perfil mais fresco envoltas por notas florais, de ervas e de especiarias doces, que se confirmam na boca, tudo sustentado por acidez vibrante, textura cremosa e final persistente, com toques salinos e de limão siciliano.

AD 92

Quinta da Lagoalva de Cima Grande Escolha Syrah 2012

TINTO TEJO **$$$$$**

Opulento e concentrado, mas também profundo, complexo e refinado, mostra frutas vermelhas maduras e em compota acompanhadas de notas terrosas, defumadas, de couro, de tabaco e de especiarias picantes. Gostoso de beber e de perfil gastronômico, tem taninos aveludados e de grãos finos, ótima acidez e final cheio e persistente, com toques de ameixas, de cânfora e de tabaco. Para as carnes vermelhas ensopadas.

AD 91

Lagoalva Barrel Selection 2013

TINTO TEJO **$$$$**

Os mais de 5 anos de garrafa fizeram bem a esse tinto no melhor estilo velha escola, com taninos de grãos finos e refrescante acidez envolvendo e equilibrando sua fruta vermelha madura e em compota. Tem final complexo e carnudo, com toques terrosos, especiados, florais, mentolados, de ameixas e de couro.

AD 90

Lagoalva Branco 2019

BRANCO | TEJO | $$$

Fresco, cativante e gostoso de beber, mostra frutas brancas e cítricas acompanhadas de notas florais e de ervas, que aparecem tanto no nariz quanto na boca, tudo equilibrado por vibrante acidez, textura firme e cremosa e final médio/longo, com toques de limão siciliano.

AD 90

Lagoalva Rosé 2019

ROSÉ | TEJO | $$$

Uma ótima edição desse rosado 100% Touriga Nacional, que mostra frutas cítricas e vermelhas seguidas de notas florais e de ervas frescas. Mas, é no palato que merece atenção, com sua acidez elétrica, sua textura firme e seu final atraente, com toques de limão siciliano e de morangos, que convidam a uma segunda taça.

AD 89

Lagoalva Castelão Touriga Nacional 2019

TINTO | TEJO | $$$

Bem feito na linha de maior madurez de fruta vermelha, com acidez refrescante e taninos de boa textura trazendo certo equilíbrio ao conjunto. Para as carnes vermelhas mais gordurosas.

AD 89

Lagoalva Tinto 2019

TINTO | TEJO | $$$

Sempre consistente, mostra ameixas e amoras acompanhadas de notas florais, de ervas e de especiarias doces, com sua acidez refrescante e seus taninos tensos trazendo sustentação ao conjunto. Tem final agradável e frutado, com toques terrosos.

QUINTA DA PELLADA

Região:
Dão
Enólogos:
Magalhães Coelho, Maria Castro e Ataíde Semedo
Site: www.quintadapellada.com
Importadora: Mistral

A Quinta da Pellada possui referências históricas datadas do século XVI, por volta de 1570. Estabelecida na região do Dão, em 1980 a quinta foi herdada por Álvaro de Castro, um engenheiro civil que se dedicou a recuperar a tradição familiar na produção do vinho interrompida há duas gerações. A propriedade ainda administra mais duas vinícolas, a Quinta de Saes (igualmente antiga na atividade agrícola) e a Outeiro (que foi primeiramente alugada e depois integrada à Casa da Passarela, dando origem ao rótulo PAPE - acrônimo de Passarela e Pellada). A equipe enológica é composta pelos engenheiros Magalhães Coelho, Maria Castro (filha de Álvaro) e Ataíde Semedo.

AD 95

Quinta da Pellada Tinto 2015

TINTO | DÃO | $$$$$

Franco nos aromas e nítido nos sabores, mostra ameixas e amoras acompanhadas de notas florais e de ervas frescas, com seus taninos finos e tensos e sua refrescante acidez aportando profundidade e verticalidade ao vinho. Refinado, preciso e muito fluido, tem final longo, com toques terrosos, de tabaco, de couro e de especiarias doces.

»

AD 93

Quinta de Saes Reserva Estágio Prolongado 2015

TINTO DÃO $$$$

Gastronômico por natureza, mostra notas florais, terrosas, de ervas e de especiarias envolvendo sua fruta vermelha madura. Tenso e de ótimo volume de boca, tem acidez refrescante, taninos firmes e de grãos finos e final cheio e persistente, com toques de ameixas, que pedem a companhia de carne de cordeiro ao forno.

AD 92

Quinta de Saes Reserva Encruzado 2018

BRANCO DÃO $$$$

Mostra notas florais, de ervas e de especiarias doces envolvendo sua fruta branca e de caroço madura. Mas, é na boca que merece atenção, com sua vibrante acidez, sua textura firme e seu final persistente, com toques salinos e de limão siciliano.

AD 92

Quinta de Saes Tinto 2016

TINTO DÃO $$$

Sempre consistente, essa é mais uma ótima safra desse tinto, que esbaja frutas vermelhas e negras de perfil mais fresco escoltadas por notas florais, de ervas e de especiarias doces, com sua acidez vibrante e seus taninos firmes aportando fluidez e verticalidade ao vinho.

AD 91

Quinta de Saes Branco 2018

BRANCO DÃO $$$

Essa é uma versão de maior madurez de fruta branca e de caroço madura, com acidez refrescante e textura cremosa trazendo certo equilíbrio ao conjunto. Gostoso de beber, tem final cativante, com toques cítricos e de pêssegos.

AD 91 **Quinta de Saes Rosé 2018**

ROSÉ DÃO **$$$**

Cativante e gostoso de beber, esbanja frutas cítricas e vermelhas acompanhadas de notas florais, terrosas e de ervas, que se confirmam na boca, tudo sustentado por acidez vibrante, textura firme e final agradável e persistente, com toques salinos e de cerejas.

QUINTA DA PONTE PEDRINHA

Região:
Dão
Enóloga:
Patrícia Osório Carvalho
Enoturismo: Sim
Importadora: Mistral

Instalada entre Seia e Gouveia, perto do sopé da Serra da Estrela, a Quinta da Ponte Pedrinha pertence à mesma família há mais de três séculos e, atualmente, é gerida pela Maria de Lourdes Mendes Oliva Nunes Osório. São cerca de 57 hectares de vinhedos, dos quais aproximadamente 7 são compostos por vinhas velhas com mais de 45 anos. As variedades plantadas são as brancas Encruzado, Cercial, Malvasia Fina, Bical e Verdelho e as tintas Touriga Nacional, Tinta Roriz, Jaen e Alfrocheiro.

AD 93 **Quinta da Ponte Pedrinha Reserva Tinto 2014**

TINTO DÃO **$$$$**

Mais uma ótima versão desse tinto fluido e gostoso de beber, chama atenção pelos taninos tensos e polidos e pela acidez vibrante, que » envolvem sua fruta lembrando ameixas e cerejas. Nítido nos aromas e nos sabores, tem final persistente, com toques terrosos, de ervas, de flores e de especiarias doces.

AD 91

Quinta da Ponte Pedrinha Branco 2018

BRANCO	DÃO	$$$

Mostra notas florais e de ervas envolvendo sua fruta branca e cítrica. Chama atenção pela textura firme, pela acidez refrescante e pelo final agradável, com toques de frutos secos e de limão siciliano. Para o lombo de porco assado.

QUINTA DA ROMANEIRA

Região: **Douro**
Enólogos:
Carlos Agrellos
e Leonor Sequeira
Site: www.quintadaromaneira.pt
Enoturismo: Não
Importadora: Portus Cale

A Quinta da Romaneira é uma das propriedades mais tradicionais do Douro, sendo que seus primeiros registros datam de 1757. Possui 412 hectares, dos quais cerca de 86 são ocupados por vinhedos, plantados com variedades típicas portuguesas, como Touriga Nacional, Touriga Franca, Tinta Roriz e Tinto Cão, bem como uma pequena porção das cepas brancas Gouveio, Viosinho e Rabigato e alguns hectares experimentais das uvas internacionais Syrah e Petit Verdot. Em 2004, Christian Seely, atual diretor da empresa AXA Millésimes (grupo francês proprietário das vinícolas Château Pichon Baron, Château Suduiraut, Quinta do Noval, entre outras), reuniu-se com um grupo de investidores (maioritariamente franceses) para viabilizar a aquisição da Romaneira e, anos mais tarde, em 2012, André Esteves, empresário brasileiro, tornou-se sócio da vinícola. Hoje, a propriedade destaca-se entre os melhores produtores de vinho de Portugal, com um portfólio variado e de excelente qualidade.

AD 93

Quinta da Romaneira Apontador Syrah 2018

TINTO DOURO **$$$$$**

De ótima tipicidade, mostra notas florais, de ervas e de especiarias picantes, que envolvem sua fruta lembrando ameixas e amoras. Mas, é na boca que merece atenção, com seus taninos firmes e sedosos, sua acidez refrescante e seu final persistente e denso, com toques defumados, de tabaco e de alcaçuz. Vertical e muito preciso, já está bom agora, mas tem tudo para ficar ainda melhor nos próximos 10 anos.

AD 93

Quinta da Romaneira Vintage Port 2017

FORTIFICADO DOURO **$$$$$**

Um belíssimo vinho. O nariz é fresco com capim seco, e, em boca, vem exuberante como um Vintage deve ser em toda sua potência. Garantia de muitos bons anos pela frente. Geleia de frutas vermelhas suculenta, melaço.

AD 93

Quinta da Romaneira Vintage Port 2011

FORTIFICADO DOURO **$$$$$**

Ainda em sua infância, esse vintage tem longa vida pela frente. Mostra nota ameixas e de amoras maduras envoltas por notas florais, de ervas e de especiarias doces, tudo equilibrado por ótima acidez, taninos firmes e tensos e final carnudo e persistente, com toques de alcaçuz e de grafite.

AD 92

Quinta da Romaneira Syrah 2016

TINTO DOURO **$$$$**

Elaborado exclusivamente a partir de Syrah, com estágio de 10 meses em barricas de carvalho francês, sendo 20% novas. Mostra ameixas, cassis e mirtilos acompanhadas de notas florais, de ervas e de especiarias. Encorpado e balanceado, tem taninos tensos e de grãos finos, acidez refrescante e final denso e longo, com toques defumados, terrosos, de tabaco e de grafite. Está muito bom agora, mas tem tudo para ficar ainda melhor nos próximos 5 anos.

»

AD 91

Quinta da Romaneira Gouveio 2017

BRANCO DOURO $$$

Branco 100% Gouveio, sem passagem por madeira. Mostra frutas brancas e de caroço, seguidas de notas florais e de ervas. Fluido, fresco e cativante, tem gostosa textura, vibrante acidez e final cremoso, com toques cítricos e salinos.

AD 91

Quinta da Romaneira Reserva Branco 2018

BRANCO DOURO $$$

Blend de 58% Gouveio, 25% Viosinho e 17% Malvasia Fina, com fermentação e estágio de 3 meses em barricas de carvalho francês, sendo 25% novas. Mostra frutas brancas e de caroço seguidas de notas florais, de ervas e de especiarias doces, que se confirmam no palato. Fresco, tem textura cremosa, acidez na medida e final sedoso e de boa persistência, com toques amanteigados, cítricos e salinos.

AD 91

Sino da Romaneira Tinto 2017

TINTO DOURO $$$

Composto de 50% Touriga Francesa, 30% Tinta Roriz, 10% Touriga Nacional e 10% Tinto Cão, com estágio de 10 meses em barricas usadas de carvalho francês. Sempre consistente, essa é mais uma ótima safra desse tinto, que esbanja cassis e amoras acompanhadas de notas florais, de ervas e de especiarias doces, que se confirmam na boca. Frutado e cativante, tem acidez refrescante, taninos finos e de ótima textura e final persistente, com toques de violetas e de alcaçuz.

AD 90

R de Romaneira 2017

TINTO DOURO $$$

Corte de Touriga Nacional, Touriga Franca, Tinta Roriz, Syrah e Tinto Cão, com estágio de parte do vinho em barricas usadas de carvalho francês. Cativante e muito gostoso de beber, mostra ameixas e cassis envoltos por notas florais, de ervas e de especiarias doces, tudo sustentado por refrescante acidez, taninos aveludados e final suculento e agradável, pedindo mais um gole.

QUINTA DAS TECEDEIRAS

Região:
Douro
Enólogo:
Rui Cunha
Site: www.limasmith.com
Enoturismo: Não
Importadora: Winebrands

Conhecida até o final do século XX como Quinta da Teixeira ou Teixeira Velha, o nome Quinta das Tecedeiras foi adotado por razões comercias. Quando pertencia ao condado de S. Pedro das Águias, a propriedade era habitada por freiras e monges que cultivavam linho e criavam bicho-da-seda, posteriormente os produtos eram transformados e vendidos. A cultura das oliveiras deve-se, boa parte, ao período em que as vinhas foram destruídas pela filoxera e, até hoje, é um item explorado na quinta. Localizada no concelho de São João da Pesqueira, sub-região do Cima Corgo, a vinícola detém 67 hectares e produz uma gama de vinhos DOC Douro e vinhos do Porto. Em 2013, o grupo Lima & Smith (proprietários da Quinta de Covela e da Boavista) comprou a marca Quinta das Tecedeiras e o direito de exploração agrícola.

AD 91

Quinta das Tecedeiras Reserva 2016

TINTO DOURO **$$$$**

Blend de Touriga Nacional, Tinta Roriz, Touriga Franca, Tinto Cão, Tinta Barroca e Tinta Amarela, advindas de uma única parcela, com estágio mínimo de 14 meses em barricas de carvalho francês. Mostra cativante notas florais, de ervas e de especiarias envolvendo toda sua fruta lembrando ameixas e amoras. Tem taninos de grãos finos, acidez refrescante e final carnudo e envolvente, com toques tostados, terrosos e de violetas. »

AD 91

Quinta das Tecedeiras Tawny Reserve Port

FORTIFICADO DOURO $$$

Complexo e gostoso de beber, tem taninos de ótima textura e acidez refrescante, que envolvem sua fruta madura e em compota, lembrando figos e ameixas. Tem final persistente e cheio, com toques florais, especiados e de frutos secos.

AD 90

Flor das Tecedeiras Branco 2018

BRANCO DOURO $$$

Fluido, direto e cativante, mostra frutas brancas e de caroço maduras acompanhadas de notas florais e de ervas frescas. Tem acidez refrescante e final agradável, com toques salinos e cítricos.

AD 90

Tecedeiras Lilás 2019

TINTO DOURO $$$

Cheio de cassis e de mirtilos seguidos de notas florais, de ervas e de especiarias, tem acidez refrescante, taninos de boa textura e final suculento, com toques terrosos, de ameixas e de alcaçuz.

QUINTA DE CHOCAPALHA

Região:
Lisboa
Enóloga:
Sandra Tavares
Site: www.chocapalha.pt
Enoturismo: Sim
Importadora: Adega Alentejana

Fundada em 1855, a Quinta de Chocapalha situa-se na Aldeia Galega da Merceana, no município de Alenquer. No final da década de 1980, o casal Alice e Paulo Tavares da Silva iniciou o projeto Chocapalha com investimentos na estrutura produtiva, restaurando as vinhas que estavam descuidadas e adotando novas técnicas de cultivo. A vinícola tem 70 hectares, dos quais 46 são ocupados por vinhas. A enóloga é Sandra Tavares, filha de Alice e Paulo e idealizadora do projeto Wine & Soul com seu marido Jorge Serôdio Borges.

AD 95

CH By Chocapalha Tinto 2017

TINTO	LISBOA	$$$$$

Impressiona pela qualidade de fruta negra fresca, pelos taninos granulados e de ótima textura e pela acidez vibrante, que trazem fluidez e profundidade ao conjunto. Preciso, nítido e refinado, tem final cheio e longo, com toques salinos, de grafite e de casca de tangerina. Ainda está jovem e tem tudo para ficar ainda melhor nos próximos 10 anos.

AD 93

Quinta de Chocapalha Tinto 2016

TINTO	LISBOA	$$$

Uma excelente edição desse vinho, que nessa safra não faz nenhuma concessão ao dulçor. Austero e vertical, mostra notas terrosas, de ervas e de especiarias envolvendo sua fruta, lembrando ameixas e amoras, tudo sustentado por acidez vibrante, taninos tensos e arenosos e final persistente, com toques salinos. »

AD 92 Quinta de Chocapalha Branco 2018

BRANCO LISBOA $$$

Austero e vertical, tem acidez afiada e textura tensa e cremosa, que envolvem sua fruta branca e cítrica de perfil mais fresco. Preciso e nítido, tem final longo, com toques de limão siciliano e de umami.

AD 91 Mar de Lisboa Tinto 2016

TINTO LISBOA $$

Direto nos aromas e claro nos sabores, mostra notas mentoladas, especiadas e florais, que envolvem sua fruta lembrando ameixas. Tem acidez elétrica, taninos finos e tensos e final longo, com toques terrosos, de alcaçuz e de grafite.

AD 90 Mar de Lisboa Branco 2019

BRANCO LISBOA $$

Tenso, vibrante e gostoso de beber, mais parece um suco de limão siciliano com uma pitada de sal. Tem acidez refrescante, textura firme e cremosa e final médio longo, com toques cítricos, florais e de ervas.

QUINTA DE COVELA

Região:
Minho
Enólogo:
Rui Cunha
Site: www.limasmith.com
Enoturismo: Sim
Importadora: Winebrands

Após pertencer a Manoel Oliveira, grande nome do cinema português, a Quinta de Covela foi comprada pelo empresário Nuno Araújo (responsável por investir na vinícola e criar a marca Covela) no final da década de 1980. Em 2011, o grupo Lima & Smith tornou-se o novo proprietário e, com a ajuda do enólogo Rui Cunha, traçou um projeto para restabelecer a quinta. Localizada na região dos Vinhos Verdes, a propriedade possui 45 hectares, dos quais 18 são de vinhedos, distribuídos por duas freguesias do Baixo Douro, São Tomé de Covelas e Santa Cruz do Douro. A gama de vinhos produzidos é ampla, com brancos, rosés e tintos, e inclui a edição especial Covela Fantástico, somente elaborado quando a vinícola julga ser uma safra de qualidade excepcional.

AD 94 — Covela Fantástico Branco 2015

BRANCO | MINHO | $$$$$

Mais uma ótima edição desse branco, sempre entre os melhores do Minho e de Portugal. Aqui a textura firme e a acidez vibrante ditam as regras, aportando equilíbrio a sua fruta branca e de caroço maduro. Mostra concentração e opulência em harmonia com finesse e verticalidade, num branco de final muito persistente, com toques amanteigados, de camomila, de ervas e de frutos secos.

AD 93 — Covela Edição Nacional Reserva Avesso 2018

BRANCO | MINHO | $$$$

Austero nos aromas e nos sabores, mostra frutas secas e brancas seguidas de notas de camomila, de ervas e de frutos secos. Cremsoso e de ótimo volume de boca, tem acidez refrescante e final cheio e longo, com toques de pêssegos e de lima. Preciso e cheio de camadas, tenha paciência com ele na taça ou na garrafa, pois tem tudo para ficar ainda melhor nos próximos 5 anos.

»

AD 92

Covela Edição Nacional Avesso 2018

BRANCO | MINHO | $$$

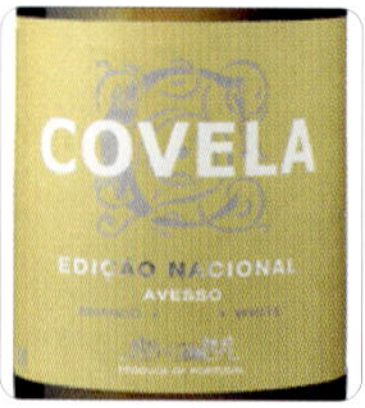

Sempre consistente, essa é uma versão tensa e vibrante desse clássico da Quinta de Covela. Mostra frutas brancas e de caroço acompanhadas de notas florais e de ervas, que se confirmam na boca. Fluido, preciso e gostoso de beber, chama atenção pela acidez vibrante e pela textura firme e cremosa, que aportam profundidade ao vinho.

AD 92

Covela Escolha Branco 2016

BRANCO | MINHO | $$$

Muito bem feito no estilo mais opulento e de maior madurez de fruta, com acidez refrescante e taninos de ótima textura, que conferem fluidez ao vinho e equilíbrio ao conjunto. Tem final cheio e persistente, com toques salinos e de frutos secos. Para as carnes de porco grelhadas.

AD 91

Covela Rosé 2018

ROSÉ | MINHO | $$$

Esbanja frutas brancas e vermelhas maduras seguidas de notas florais e de ervas. Mais de boca, que de nariz, tem textura firme e ótima acidez, que trazem equilíbrio ao conjunto. Fluido e gostoso de beber, esse é um rosado mais estruturado e de perfil gastronômico, podendo ser servido como aperitivo, mas também na companhia de frutos do mar, por exemplo.

AD 91

Covela Edição Nacional Arinto 2018

BRANCO MINHO $$$

De boa tipicidade, mostra notas florais, de ervas e de frutos secos envolvendo sua fruta, lembrando pêssegos e peras, tudo sustentado por acidez vibrante, textura firme e final persistente, com toques salinos e cítricos.

QUINTA DE LA ROSA

Região:
Douro
Enólogo:
Jorge Moreira
Site: www.quintadelarosa.com
Enoturismo: Sim
Importadora: Adega Alentejana

Situada na margem direita do rio Douro, perto do Pinhão, a Quinta de La Rosa pertence à família Bergqvist desde 1906. No início da década de 2010, a vinícola realizou investimentos em reestruturação e modernização da estrutura produtiva, finalizada em 2012. La Rosa possui 11 vinhas separadas, distribuídas na parte baixa e superior da quinta, sendo que as mais antigas datam de 1930. No total, são 55 hectares de vinhedos, com produção anual de aproximadamente 50.000 litros de porto e cerca de 160.000 litros de vinho de mesa. Atualmente, a quinta é administrada por Sophia Bergqvist, com ajuda de seu irmão Philip. Seu enólogo, é o renomado Jorge Moreira, também responsável pelos projetos Poeira (com sua esposa Olga Martins) e M.O.B. (com Jorge Serôdio Borges e Francisco Olazabal).

>>

AD 93 La Rosa Reserva Branco 2018

BRANCO DOURO $$$

Mostra perfil austero e elegante, com frutas brancas e de caroço maduras, floral, especiarias doces, ervas e mel. Tem textura cremosa, acidez refrescante e final longo, com notas de maças, salinas e de flor de laranjeira.

AD 92 Quinta de La Rosa TInto 2018

TINTO DOURO $$$

Composto de Tinta Roriz, Touriga Nacional e Touriga Franca, com 18 meses de estágio em barricas de carvalho francês. Tenso e vibrante, mostra ameixas e cassis escoltados por notas minerais, florais e de ervas, que se confirmam na boca. Suculento, tem acidez refrescante, taninos de grãos finos e final persistente, com toques de grafite e de tabaco.

AD 91 Dourosa Tinto 2017

TINTO DOURO $$$

Sempre consistente, essa é mais uma ótima edição desse tinto, que esbanja ameixas e amoras seguidas de notas florais, terrosas, de ervas e de especiarias doces, tudo equilibrado por acidez refrescante e taninos tensos e de ótima textura.

AD 91 La Rosa Branco 2019

BRANCO DOURO $$$

Fresco, tenso e cheio de frutas brancas e cítricas envoltas por notas florais e de ervas, tudo sustentado por ótima acidez e textura firme e cremosa. Tem final médio/longo, com toques salinos e cítricos, que pedem a companhia de peixes brancos grelhados.

QUINTA DE MARITÁVORA

Região:
Douro
Enólogo:
Jorge Serôdio Borges
Site: www.maritavora.com
Enoturismo: Sim
Importadora: Wine & Co.

A Quinta de Maritávora está ligada à produção de vinhos do Douro e do Porto há cerca de 150 anos. Suas vinhas, com certificação biológica desde 2012, estão localizadas no Douro Superior e ocupam uma área de cerca de 15 hectares. O responsável técnico é Jorge Serôdio Borges, um dos enólogos mais prestigiados de Portugal.

AD 94

Maritávora Nº1 Grande Reserva Branco 2019

BRANCO | DOURO | $$$$$

Complexo nos aromas e nos sabores, impressiona pela textura firme e pela acidez pulsante, que equilibram toda sua fruta e conferem profundidade ao vinho. Refinado, tenso e muito preciso, tem final persistente, com toques de limão siciliano e de umami.

AD 93

Maritávora Nº2 Grande Reserva Tinto 2018

TINTO | DOURO | $$$$$

Une com maestria opulência, concentração de fruta, frescor de acidez e tensão. Mostra ameixas e cassis escoltados por notas herbáceas, florais e de grafite. Os taninos firmes e de grãos finíssimos apoiam o conjunto e conferem fluidez e profundidade ao vinho. Belo exemplo de tinto encorpado e refinado. »

AD 92

Maritávora Nº4 Reserva Tinto 2018

TINTO DOURO **$$$$**

Corte de 30% Touriga Franca, 30% Tinta Roriz, 30% Touriga Nacional e 10% de outras vinhas velhas de 15 a 50 anos, com estágio de 18 meses em barricas novas de carvalho francês. Destaca-se pela boa complexidade, exibindo aromas de frutas negras, empireumáticos, de especiarias doces, florais e de ervas, que se confirmam no palato. Estruturado e suculento, tem acidez refrescante, taninos finos e de ótima textura e final longo, com toques de amoras, de violetas e de cacau.

AD 91

Maritávora Nº5 Colheita Branco 2019

BRANCO DOURO **$$$**

Redondo, fluido e muito gostoso de beber, tem acidez elétrica e textura firme, que equilibra sua fruta branca de perfil mais fresco. Tem final cativante e persistente, com toques cítricos e de umami.

AD 90

Maritávora Nº6 Colheita Tinto 2018

TINTO DOURO **$$$**

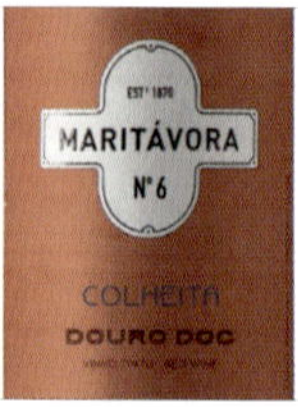

Repleto de notas de ervas frescas, que envolvem sua fruta lembrando mirtilos e amoras de perfil mais maduro, tudo sustentado por taninos firmes e refrescante acidez. Tem final carnudo e persistente, com toques terrosos e de grafite, que pedem a companhia de carnes vermelhas mais gordurosas.

QUINTA DO AMEAL

Região:
Minho
Enólogo:
José Luis Moreira
Site: www.esporao.com/pt-pt/
Enoturismo: Sim
Importadora: Qualimpor

Adquirida, em 2019, pelo grupo Esporão, a Quinta do Ameal é uma propriedade pequena que data de 1710. Situada no Vale do Lima (Minho), a empresa era explorada pela família do enólogo Pedro Araújo (bisneto de Adriano Ramos Pinto) desde o início dos anos 1990. A propriedade de 30 hectares, 12 deles destinados às vinhas, foi uma das primeiras a se dedicar à casta Loureiro, explorando todo o potencial da variedade na região dos Vinhos Verdes. Seu portfólio é composto pelos vinhos Quinta do Ameal Escolha Loureiro, Quinta do Ameal Clássico Loureiro, Quinta do Ameal Solo, Bico Amarelo e Special Harvest.

AD 93

Quinta do Ameal Escolha 2017

BRANCO | MINHO | $$$

Tenso, vertical e vibrante, mas também cremoso e untuoso, esbanja frutas cítricas e de caroço de perfil mais maduro sustentadas por textura firme e acidez refrescante. Gostoso de beber, tem final cativante e persistente, com toques de umami e de limão tahiti.

AD 92

Ameal Solo 2014

BRANCO | MINHO | $$$$

100% Loureiro, este branco é uma homenagem ao solo da Quinta do Ameal. Com adição de sulfitos somente no engarrafamento e fermentação somente a partir de leveduras indígenas. Salino, mostra perfil de frutas brancas e de caroço mais maduras, seguido de notas florais, de ervas e de frutos secos, que se confirmam no palato. Fresco, estruturado, cheio de tensão e gostoso de beber, tem ótima textura, acidez refrescante e final longo.

AD 92

Ameal Solo Único 2019

BRANCO | MINHO | $$$$

Elaborado exclusivamente a partir de uvas Loureiro, sem passagem por madeira, mas mantido com suas borras por 7 meses, sendo 75% em tanque de inox e o restante em um ovo de concreto. Tenso, fluido e gostoso de beber, mostra frutas brancas e cítricas seguidas de notas salinas, florais e de ervas, típicas da casta, tudo equilibrado por acidez vibrante, textura firme e final longo e persistente, com toques herbáceos e de limão siciliano.

AD 91

Ameal Loureiro 2019

BRANCO | MINHO | $$$

100% Loureiro, sem passagem por madeira, mas com estágio entre 3 e 6 meses em tanques de inox. Sempre entre os melhores exemplares da casta, chama atenção pela acidez vibrante e pela textura firme e cremosa, que envolvem toda sua fruta cítrica e branca, aportando fluidez e equilíbrio ao conjunto. Tem final persistente, com toques salinos, florais e de limão.

AD 90

Bico Amarelo 2020

BRANCO | MINHO | $$

Sempre consistente, essa é mais uma ótima edição desse branco, que esbanja frutas cítricas e brancas envoltas por acidez afiada, textura firme e cremosa e final médio longo, com toques salinos e de limão siciliano. Difícil é ficar na primeira taça.

AD 90

Bico Amarelo 2019

BRANCO | MINHO | $$

Blend de Loureiro, Alvarinho e Avesso, sem passagem por madeira. Essa safra marca o debut desse vinho sob a batuta da Herdade do Esporão, que comprou a Quinta do Ameal em meados de 2019. De garrafa e rótulos novos, mais condizentes com a qualidade sempre consistente desse branco, mostra frutas brancas e cítricas maduras, seguidas de notas florais e de ervas. Fresco e vibrante, tem ótima acidez, bom volume de boca, textura firme e final cativante, com toques salinos e de limão siciliano, que pedem mais um gole.

QUINTA DO CÔTTO

Regiões:
Douro e Minho
Enólogo:
João Grave
Site: www.quintadocotto.pt
Importadora: Mistral

Situada na freguesia de Cidadelhe (Douro), a Quinta do Côtto inicialmente direcionava sua produção ao vinho do Porto, as pequenas quantidades de vinho branco e tinto eram destinadas ao consumo exclusivo da família. Nos anos 1970, quando o foco da região era voltado basicamente para o vinho do Porto, Miguel Champalimaud assumiu a vinícola e firmou a marca Côtto como referência na produção de vinhos tranquilos. Atualmente, seu filho Miguel Montez Champalimaud, quinta geração da famíla, administra o grupo Montez Champalimaud, detentor das marcas Quinta do Côtto e Paço de Teixeiró.

AD 93 | **Quinta do Côtto Grande Escolha 2015**

TINTO | DOURO | **$$$$$**

Preciso e refinado, mostra ameixas e amoras acompanhadas de notas florais, terrosas, de ervas e de especiarias doces, com sua acidez refrescante e seus taninos de fina textura conferindo fluidez e verticalidade ao conjunto. Tem final persistente e suculento, com toques de violetas, de tabaco, de esteva, de alcaçuz e de grafite. Um clássico duriense em sua melhor forma.

>>

AD 90 | **Paço de Teixeiró Branco 2018**

BRANCO MINHO **$$$**

Mostra frutos brancas e de caroço maduras equilibradas por acidez vibrante, textura cremosa e final cheio e persistente, com toques cítricos e de frutos secos. Cativante e gostoso de beber, pede a companhia de peixes brancos grelhados.

QUINTA DO CRASTO

Região:
Douro
Enólogo:
Manuel Lobo
Site: www.quintadocrasto.pt
Enoturismo: Sim
Importadora: Qualimpor

No topo de uma das elevações da região demarcada por Pombal, às margens do rio Douro, encontra-se a vinícola Quinta do Crasto. Cercada por vinhas e oliveiras, a propriedade é formada por adegas, uma capela e uma casa de hóspedes. Dos 130 hectares, 70 são destinados às vinhas. A forma de plantar em socalcos se deve à necessidade de retirar o xisto (mineral abundante na região) da terra e empilhá-lo formando degraus ao longo da elevação, impedindo, dessa forma, a erosão. Com isso, a casa no topo da elevação fica rodeada por linhas de plantações de vinhas e de antigas oliveiras que vão circunscrevendo o monte até a sua base nas margens do rio Douro. Por apresentar essa formação, se deu o nome de Crasto à vinícola. Oriundo do latim, o termo significa "forte romano", antiga construção feita para rodear e proteger. A propriedade produz no Douro, anualmente, cerca de 1.500.000 garrafas de vinho do Douro e do Porto de diversas categorias, bem como 65.000 garrafas de azeite virgem extra a partir de olivais localizados nas regiões do Cima Corgo e do Douro Superior.

AD 96

Quinta do Crasto Vinha Maria Teresa 2015

TINTO | DOURO | **$$$$$**

Composto de Vinhas Velhas exclusivamente advindas do centenário vinhedo Maria Teresa, com estágio de 20 meses em barricas novas de carvalho francês (90%) e americano (10%). Sempre sublime, mostra notas de violeta, de alcaçuz e de especiarias doces envolvendo os aromas de cassis e amoras. Impressiona pelo perfil de taninos firmes e super finos, que convidam a uma segunda taça, chamando atenção pela qualidade de fruta fresca e pela vibrante acidez, que conferem profundidade ao vinho.

AD 95

Quinta do Crasto Touriga Franca 2016

TINTO | DOURO | **$$$$$**

Primeira safra desse tinto elaborado exclusivamente a partir de Touriga Franca, com estágio de 16 meses em barricas de carvalho francês. Alia tensão e profundidade com estrutura e exuberância de fruta negra madura, lembrando amoras e cassis. Gostoso de beber, tem ótima acidez e taninos firmes e de grãos finos. Fluido, gostoso de beber e muito vertical, tem final longo e persistente, com toques florais e de grafite.

AD 95

Quinta do Crasto Touriga Nacional 2017

TINTO | DOURO | **$$$$$**

Franco nos aromas e nítido nos sabores, mostra notas florais, mentoladas, de ervas e de especiarias doces envolvendo sua fruta lembrando cassis e ameixas, tudo sustentado por refrescante acidez, taninos finos e de ótima textura e final carnudo e persistente, com toques de violetas, de alcaçuz e de grafite. Refinado e muito preciso, ainda está jovem e tem tudo para ficar ainda melhor nos próximos 10 anos.

>>

AD 95

Quinta do Crasto Vinha da Ponte 2012

TINTO | DOURO | $$$$$

Elaborado a partir de vinhas velhas advindas de um único vinhedo de mais de 100 anos,, com estágio de 20 meses em barricas de carvalho francês. Aqui se tem um típico Douro, cheio de força, frutas negras maduras, especiarias doces, tabaco, alcaçuz, além de notas florais e de ervas maceradas. Grandioso em todos os sentidos. Muito bom exemplo de harmonia entre potência, concentração, finesse e elegância, tudo envolto por refrescante acidez.

AD 93

Crasto Superior Branco 2018

BRANCO | DOURO | $$$

Essa é uma das melhores edições desse branco, senão a melhor. Franco nos aromas e nítido nos sabores, esbanja frutas frescas, lembrando maçãs, pêssegos e limões, com sua textura tensa e sua acidez elétrica conferindo verticalidade e fluidez ao conjunto. Tem final cativante, que convida a uma segunda taça, de preferência na companhia de frutos do mar.

AD 93

Quinta do Crasto Reserva Vinhas Velhas 2017

TINTO | DOURO | $$$$$

Mais uma bela versão desse clássico do Douro, que mostra típicas notas florais, de ervas e de especiarias envolvendo sua fruta lembrando ameixas e amoras, tudo equilibrado por gostosa acidez e taninos tensos e de grãos finos. Tem final cheio e persistente, com toques de alcaçuz, de cassis e de grafite. Preciso e nítido, ainda está jovem e tem tudo para ficar ainda melhor nos próximos 10 anos.

AD 93 Quinta do Crasto Touriga Nacional 2016

TINTO DOURO **$$$$$**

Elaborado exclusivamente a partir de Touriga Nacional, com estágio de 18 meses em barricas de carvalho francês. Exuberante nos aromas, mostra notas florais, de ervas e de especiarias doces envolvendo toda sua fruta vermelha e negra de perfil mais fresco (consequência da safra 2016), que se confirma na boca. Os taninos firmes e de grãos finos e sua ótima acidez trazem sustentação e fluidez a esse vinho exuberante e grandioso em todos os aspectos. Está bom agora, mas deve ficar ainda melhor nos próximos 10 anos.

AD 92 Crasto Superior Syrah 2018

TINTO DOURO **$$$$**

Uma das melhores versões desse tinto. Nessa edição, para os padrões desse vinho, mostra frutas vermelhas e negras de perfil mais fresco, equilibradas por boa acidez e taninos de grãos finos. Tem final suculento e cativante, com toques de ameixas, de especiarias picantes e de tabaco.

AD 92 Crasto Superior Tinto 2017

TINTO DOURO **$$$**

Encorpado e cheio de fruta vermelha e negra seguida por cativantes notas de violetas e de especiarias doces, com acidez refrescante e taninos firmes, que aportam equilíbrio e fluidez ao vinho. Tem final carnudo e persistente, com toques terrosos, tostados e de tabaco.

AD 92 Crasto Tinto 2019

TINTO DOURO **$$$**

Sempre consistente, essa é mais uma ótima edição desse vinho, que esbanja frutas vermelhas e negras de perfil mais fresco acompanhadas de notas de violetas, de ervas e de especiarias doces. Mas, é » na boca que merece atenção, com seus taninos finos e tensos, sua vibrante acidez e seu final persistente, com toques de ameixas.

AD 92

Quinta do Crasto Tinta Roriz 2015

TINTO | DOURO | $$$$$

Produzido exclusivamente a partir de Tinta Roriz, com estágio em barricas novas de carvalho francês. Exibe boa complexidade, com frutas vermelhas e negras maduras, empireumático, especiarias e ervas. Estruturado e potente, tem ótima acidez, taninos firmes e de boa textura e final persistente, com notas de ameixas, de alcaçuz e de cedro.

AD 91

Crasto Branco 2019

BRANCO | DOURO | $$$

Mais uma ótima safra desse branco, que esbanja frutas brancas e cítricas de perfil mais fresco acompanhadas de notas florais de ervas. Tenso e nítido nos sabores, tem acidez elétrica, textura firme e cremosa e final persistente e cativante, com toques salinos e de limão siciliano.

AD 91

Crasto Tinto 2018

TINTO | DOURO | $$$

Blend de Touriga Nacional, Tinta Roriz, Touriga Franca e Tinta Barroca, com estágio de 6 meses, 85% em inox e os 15% restantes em barricas de carvalho francês. Cativante nos aromas, mostra notas florais, de ervas frescas e de especiarias doces envolvendo toda sua fruta vermelha lembrando ameixas e amoras. Fluido e gostoso de beber, tem bom volume, taninos de fina textura, ótima acidez e final suculento, com toques mentolados e de mirtilos.

AD 91

Flor de Crasto Tinto 2019

TINTO	DOURO	$$

Corte de Tinta Roriz, Touriga Franca e Touriga Nacional, sem passagem por madeira. Uma das melhores safras desse tinto, apresenta um estilo de fruta nítida e de qualidade, lembrando cassis, seguida por notas florais, de especiarias e de grafite. No palato, tem acidez vibrante, taninos firmes e de ótima textura e final suculento e persistente.

AD 91

Quinta do Crasto Finest Reserve Porto

FORTIFICADO	DOURO	$$$

Nariz da esteva do Douro. Ameixa, taninos potentes, bem equilibrados por refrescante acidez e taninos granulados. Fim de boca com elegante rusticidade, mostrando chocolate, frutas negras e medicinal.

AD 90

Flor de Crasto Branco 2019

BRANCO	DOURO	$$

Composto de Moscatel Galego, Códega do Larinho e Rabigato, sem passagem por madeira. Sempre consistente, mostra notas florais e de ervas escoltando sua fruta, que lembra pêssegos e pêras. Leve e refrescante, tem ótima acidez, textura cremosa e final saboroso e sedutor, com toques salinos e cítricos, que convidam a mais um gole.

»

QUINTA DO MONTE D'OIRO

Região:
Lisboa
Enólogos:
Graça Gonçalves e Grégory Viennois
Site: www.quintadomontedoiro.com
Enoturismo: Sim
Importadora: Mistral

Situada em Alenquer (Lisboa), a Quinta do Monte d'Oiro possui registros de produção de vinho desde o século XVII. Em 1987, foi comprada por José Bento dos Santos (importante personagem da gastronomia portuguesa), que, após anos de pesquisas, iniciou um processo de reestruturação das vinhas e, em 1997, lançou sua primeira colheita. Dos 42 hectares da propriedade, cerca de 15,5 foram replantados com as castas nacionais Touriga Nacional e Tinta Roriz e as internacionais Syrah, Viognier e Petit Verdot. A vinícola segue os princípios da agricultura orgânica e a equipe enológica é composta pela consultoria de Grégory Viennois (antigo diretor técnico de M. Chapoutier e, atualmente, na Domaine Laroche) e a enóloga Graça Gonçalves.

AD 94

Quinta do Monte d'Oiro Reserva Branco 2017

BRANCO | LISBOA | **$$$$**

100% Viognier. Refinado, untuoso e de ótima tipicidade, mostra pêssegos seguidos de notas florais, de ervas, de frutos secos e de especiarias doces, que aparecem tanto no nariz quanto na boca. Estruturado e preciso, tem ótimo volume de boca, textura firme, acidez refrescante e final cheio e persistente, com toques cítricos, amanteigados e de umami. Está jovem e tem tudo para ficar ainda melhor nos próximos 10 anos.

AD 94

Quinta do Monte d'Oiro Reserva Tinto 2015

TINTO | LISBOA | $$$$$

Mostra notas especiadas, defumadas e de ervas secas envolvendo sua fruta madura lembrando ameixas, com acidez refrescante e taninos tensos e de ótima textura, trazendo equilíbrio ao conjunto e fluidez e vinho. Um tinto grande e um grande tinto, muito bem feito e preciso nesse estilo mais opulento e de maior concentração.

AD 91

Quinta do Monte d'Oiro Tinto 2017

TINTO | LISBOA | $$$

Gastronômico e gostoso de beber, mostra frutas vermelhas maduras seguidas de notas terrosas, de ervas secas e de especiarias doces. De bom volume de boca, tem acidez na medida, taninos firmes e granulados e final persistente, que pede a companhia de carnes vermelhas ensopadas.

AD 90

Quinta do Monte d'Oiro Branco 2019

BRANCO | LISBOA | $$$

Apresenta frutas brancas e de caroço acompanhadas de notas florais, de ervas e de frutos secos, com sua acidez refrescante e seus taninos firmes aportando equilíbrio e profundidade ao conjunto. Tem bom volume de boca e final agradável, com toques cítricos.

AD 90

Quinta do Monte d'Oiro Rosé 2019

ROSÉ | LISBOA | $$$

Cativante nos aromas e nos sabores, mostra frutas vermelhas e brancas equilibradas por boa textura e refrescante acidez. Tem final médio/longo, com toques cítricos e de morangos, que pedem uma segunda taça.

»

QUINTA DO NOVAL

Região:
Douro
Enólogo:
Carlos Agrellos
Site: www.quintadonoval.com
Enoturismo: Sim
Importadora: Adega Alentejana

Os registros relacionados à Quinta do Noval datam de 1715. A propriedade que pertenceu à família Rebello Valente, em meados do século XVIII, e, no início do século XIX, a Visconde Villar d'Allen foi comprada em 1894 por António José da Silva. Silva iniciou o projeto de reestruturação da quinta, restaurando a adega e recuperando os vinhedos que foram destruídos pela filoxera. Seu genro, Luiz Vasconcelos Porto, que administrou Noval por quase 30 anos, introduziu novas técnicas de conservação de solo e de cultivo e, com socalcos mais largos, tornou o uso da terra mais eficiente e proprorcionou melhor exposição solar. Em 1963, Fernando e Luiz Van Zeller, netos de Vasconcelos, assumiram Noval, a qual permaneceu com a família Van Zeller até 1993, quando foi adquirida pelo grupo francês AXA Millésimes (proprietário de Château Pichon Baron e Château Suduiraut, entre outros). Em 2019, a Quinta do Passadouro passou a integrar o conjunto de propriedades da empresa francesa AXA, e, embora a marca Passadouro seja mantida, seus 36 hectares juntam-se aos 145 da Noval, atingindo uma área de vinha total de 181 hectares.

AD 94

Quinta do Noval Reserva 2017

TINTO | DOURO | **$$$$**

Sedutor nos aromas, mostra notas florais, de ervas e de especiarias doces permeando sua fruta vermelha e negra de perfil mais fresco, que se confirma no palato. Preciso e nítido, tem acidez vibrante, taninos de ótima textura e final cheio e persistente, com toques terrosos, de cassis, de violetas, de especiarias doces e de grafite.

AD 93

Cedro do Noval Tinto 2016

TINTO DOURO **$$$**

Mais uma ótima safra desse vinho, exibe notas de frutas negras maduras, balsâmicas, de especiarias doces, floral e de ervas. No palato, tem fruta suculenta bem sustentada pela acidez refrescante, além de taninos finos e final longo, com notas de amoras e de alcaçuz.

AD 93

Cedro do Noval Tinto 2015

TINTO DOURO **$$$**

Composto de Touriga Franca, Touriga Nacional e Syrah, com passagem em barricas de carvalho francês. Mais uma ótima safra desse consistente tinto, mostra ameixas e amoras seguidas de notas de ervas, de violeta e de especiarias doces. Encorpado e cativante, tem ótima acidez e taninos firmes e de grãos finos, que trazem sustentação ao conjunto. Tem final longo e cheio, com toques de alcaçuz, de cassis e de tabaco.

AD 93

Quinta do Noval Petit Verdot 2016

TINTO DOURO **$$$$**

Tinto elaborado exclusivamente a partir de Petit Verdot, com estágio de 12 meses em barricas de carvalho francês, sendo 45% novas. Um ano equilibrado no Douro, permitiu essa variedade tardia amadurecesse em sua plenitude. O resultado é um vinho cheio de ameixas e cassis acompanhados de notas florais, defumadas, de especiarias e de ervas. Cheio e de ótima estrutura, tem taninos firmes, refrescante acidez e final persistente e suculento, com toques terrosos e de grafite.

AD 93

Quinta do Noval Touriga Nacional 2018

TINTO DOURO **$$$$**

De boa tipicidade, mostra notas de violetas, de ervas frescas e de ameixas envoltas por acidez vibrante e taninos firmes e de ótima tex- »

tura. Estruturado, tem ótimo volume de boca e final longo e sedutor, com toques terrosos, de mirtilos e de grafite.

AD 92

Maria Mansa Tinto 2018

TINTO	DOURO	$$$

Franco nos aromas e nítido nos sabores, esbanja ameixas e amoras maduras acompanhadas de notas florais, de ervas e de especiarias doces, tudo equilibrado por acidez vibrante, taninos finos e tensos e final suculento e persistente, com toques de cassis, de violetas e de alcaçuz.

AD 92

Passadouro Tinto 2016

TINTO	DOURO	$$$

Mostra perfil de maior madurez de fruta negra e vermelha, mas também acidez pulsante e taninos tensos, que trazem sustentação e fluidez ao vinho. Tem final cheio e longo, com toques de ameixas, de mirtilos, de ervas frescas e de especiarias doces.

AD 91

Passadouro Touriga Nacional 2017

TINTO	DOURO	$$$

Bem feito em seu estilo mais opulento e de maior concentração de fruta vermelha e negra madura, tem acidez vibrante e taninos firmes, que conferem fluidez e equilíbrio ao conjunto. Para as carnes vermelhas mais gordurosas.

QUINTA DO PESSEGUEIRO

Região:
Douro
Enólogo:
João Nicolau de Almeida
Site: www.quintadopessegueiro.com
Enoturismo: Sim
Importadora: World Wine

A Quinta do Pessegueiro foi instituída em 1991 pelo francês Roger Zannier, importante empresário da indústria têxtil. Ao longo dos anos, Zannier investiu na expansão da propriedade e na plantação de vinhas, cuja área total é dividida em três parcelas, Pessegueiro, Teixeira e Afurada, todas situadas na sub-região do Cima Corgo (Douro) e cultivadas exclusivamente com variedades autóctones. Hoje, Pessegueiro é administrada por Marc Monrose, genro de Roger, e seu enólogo é João Nicolau de Almeida, na equipe enológica desde 2006.

AD 91

Aluzé Tinto 2015

TINTO DOURO $$$

Apresenta ameixas e cassis envoltos por notas florais, de ervas e de especiarias doces, que aparecem tanto no nariz quanto na boca, tudo sustentado por taninos de ótima textura e refrescante acidez. Tem final suculento e persistente, com toques de ameixas, de grafite e de cacau.

AD 91

Quinta do Pessegueiro 2016

TINTO DOURO **$$$$$**

Potente e concentrado, exibe frutas vermelhas e negras de perfil mais maduro, com boa acidez e taninos firmes e granulados, que aportam certo equilíbrio ao conjunto. Tem final denso e opulento, com toques terrosos, de grafite, de ameixas e de ervas secas. Para as carnes vermelhas mais gordurosas.

QUINTA DO POEIRA

Região:
Douro
Enólogo:
Jorge Moreira
Site: www.poeira.pt
Enoturismo: Não
Importadora: Adega Alentejana

Quinta do Poeira é um projeto iniciado em 2001 pelo casal de enólogos Olga Martins e Jorge Moreira. Pouco comum para a época, Olga e Jorge apostaram em uma propriedade com vinhas voltadas ao norte para gerar vinhos mais frescos e elegantes. Localizada no Douro, na freguesia de Provesende, a vinícola possui cerca de 9 hectares de vinhedos, dos quais 3 são de vinhas velhas, o que possibilitou o lançamento do vinho de alta gama logo no início do projeto, o Poeira.

AD 95

Poeira Branco 2017

BRANCO DOURO **$$$$$**

Atenção com ele! Tem a virtude dos grandes vinhos de mostrar sutileza e delicadeza em perfeita harmonia com força e intensidade. Tem textura cremosa e tensa e acidez vibrante, que envolvem sua fruta cítrica e de caroço madura e aportam fluidez ao conjunto. Está excelente agora e tem tudo para ficar ainda melhor nos próximos 10 anos.

AD 95

Poeira Tinto 2016

TINTO	DOURO	$$$$$

Uma das melhores, senão a melhor versão desse tinto até o momento. Alia magistralmente concentração de fruta, verticalidade e tensão, tudo mostrado de modo preciso, nítido e refinado, com sua acidez refrescante e seus taninos firmes e finíssimos ditando as regras. Paciência com ele na taça ou na garrafa, para mostrar todas as suas camadas de aromas e de sabores. Está ótimo agora, mas tem tudo para ficar ainda melhor nos próximos 15 anos.

AD 94

Pó de Poeira Tinto 2018

TINTO	DOURO	$$$$

Apresenta frutas negras maduras, especiarias, floral, balsâmico e grafite, que se confirmam no palato. Tem acidez vibrante, taninos finíssimos e final persistente, com notas salinas, de mirtilo, de alcaçuz e de menta. Um tinto que alia estrutura, profundidade e elegância.

AD 93

Pó de Poeira Branco 2019

BRANCO	DOURO	$$$$

Tenso e fresco, esbanja frutas brancas e cítricas escoltadas por notas florais, de ervas e de frutos secos, que aparecem tanto no nariz quanto na boca, tudo equilibrado por acidez vibrante e textura firme e cremosa. Tem final longo, com toques de limão siciliano, de umami e de giz.

>>

QUINTA DO VALE MEÃO

Região:
Douro
Enólogo:
Francisco Olazabal
Site: www.quintadovalemeao.pt
Enoturismo: Sim
Importadora: Mistral

Quinta do Vale Meão, propriedade que dá nome ao vinho, foi a última das aproximadamente 30 grandes quintas que pertenceram à famosa Dona Antónia Adelaide Ferreira, conhecida por todos como "Ferreirinha", um dos nomes mais importantes da história vinícola de Portugal, em especial do Douro. O Meão foi a única quinta que Ferreirinha construiu do zero, em um terreno onde antes só havia mato e animais selvagens, uma área ainda pouco explorada do Douro Superior, justamente pela distância que separava a região das cidades do Porto e de Vila Nova de Gaia e pela dificuldade em se chegar até lá. Francisco Javier de Olazabal, trineto da lendária Ferreirinha, assumiu a gestão do grupo nos anos 1970 e, ao longo dos anos, em um processo de aquisição das partes de familiares e coproprietários, em 1994, tornou-se, juntamente com seus filhos, único proprietário da quinta (toda produção era comercializada à empresa A.A. Ferreira S.A.). Em 1998, após renunciar ao cargo de presidente da A.A.Ferreira, Francisco estabeleceu a empresa F. Olazabal & Filhos, a qual é o atual presidente e seu filho Francisco de Olazabal y Nicolau de Almeida é o enólogo.

AD 97

Quinta do Vale Meão 2015

TINTO | DOURO | $$$$$

Impressiona pela nitidez de fruta e pela precisão do conjunto, com sua acidez refrescante e seus taninos finíssimos ditando as regras e aportando fluidez e profundidade ao vinho. Alia com maestria concentração, potência e finesse. Tem final longo, com toques terrosos, de amoras, de ervas frescas, de tabaco e de especiarias doces.

AD 95 — Monte Meão Vinha dos Novos 2016

TINTO | DOURO | $$$$$

Mostra típicas notas florais e de ervas envolvendo sua fruta, lembrando amoras e ameixas. Estruturado e opulento, tem acidez refrescante e taninos finos e de ótima textura, que trazem certo equilíbrio ao conjunto. Tem final longo e cheio, com toques terrosos, cítricos, de tabaco, de violetas e de grafite. Está jovem ainda e tem tudo para ficar ainda melhor nos próximos 10 anos.

AD 95 — Quinta do Vale Meão Vintage Port 2018

FORTIFICADO | DOURO | $$$$$

Alia fluidez e frescor com concentração e untuosidade, tudo equilibrado por acidez vibrante e taninos tensos e de ótima textura. Aqui reinam cassis e amoras escoltados por notas de violetas, de especiarias doces e de ervas frescas, que aparecem tanto no nariz quanto na boca, num Porto cheio, persistente e sedutor, que convida sempre a mais um gole. Tem a virtude de estar delicioso agora, mas tem tudo para estar ainda melhor, pelo menos, no decorrer dos próximos 30 anos.

AD 94 — Monte Meão Casa das Máquinas 2017

TINTO | DOURO | $$$$$

Austero e vertical, impressiona pela nitidez de fruta lembrando cassis e mirtilos, pelos taninos firmes e de texura arenosa e pela acidez vibrante, que fazem com que o vinho se projete na boca com força. Preciso e intenso, tem final persistente, com toques de grafite e de alcaçuz.

>>

AD 92 — Meandro do Vale Meão Branco 2018

BRANCO | DOURO | $$$$

Corte de Rabigato e Arinto. Muita fruta amarela. Poderoso, com acidez na medida, quase picante. Muito equilibrado e elegante, combinando estrutura e untuosidade. No palato, mostra também ervas e laranjas maduras. E ao final do palato é limpo e fresco.

AD 92 — Meandro do Vale Meão Finest Reserve

FORTIFICADO | DOURO | $$$$

Fragrantes aromas de frutas escuras, lembrando cassis e amoras, florais e ervas, que se confirmam no palato. Estruturado e encantador, exibe as características de um LBV, tem gostosa acidez, taninos intensos e de ótima textura e final suculento e persistente.

AD 92 — Meandro do Vale Meão Tinto 2017

TINTO | DOURO | $$$$

De ótima tipicidade, mostra notas florais, de ervas e de especiarias, que envolvem sua fruta lembrando ameixas e mirtilos, tudo equilibrado por taninos firmes e de boa textura, acidez refrescante e final longo e concentrado, com toques terrosos, de violetas, de tabaco, de alcaçuz e de grafite.

AD 92

Monte Meão Cabeço Vermelho 2015

TINTO DOURO $$$$$

Mostra cerejas e ameixas envoltas por notas florais, terrosas, de ervas frescas e de especiarias doces. Encorpado, tem acidez refrescante, taninos tensos e de grãos finos e final concentrado e persistente, que pede a companhia de perna de cabrito assada.

AD 92

Monte Meão Vinha dos Novos 2014

TINTO DOURO $$$$$

100% Touriga Nacional, com estágio de 15 meses em barricas usadas de carvalho francês. Exibe boa tipicidade, com frutas negras maduras, floral e menta, além de notas empireumáticas e de grafite. No palato, tem acidez refrescante, taninos macios e de ótima textura e final persistente, com toques cítricos, de ameixas escuras e de violetas.

QUINTA DOS MURÇAS

Região:
Douro
Enólogo:
José Luis Moreira
Site: www.esporao.com/pt-pt/
Enoturismo: Sim
Importadora: Qualimpor

Localizada na margem direita do rio Douro, a Quinta dos Murças foi adquirida pelo grupo Esporão (conhecido por seus vinhos do Alentejo) em 2008. Murças foi a primeira quinta a ter vinhedos "verticais" na região conhecida por "vinhas ao alto" e diferente dos tradicionais vinhedos em patamares. Plantados em 1947 em posição perpendicular ao rio, estes vinhedos repousam em terrenos com inclinação de 47 graus. Por >>

decisão de João Roquette, CEO do grupo Esporão, os 100% dos hectares da propriedade (vinhedos, olivais e laranjal) são cultivados em produção biológica e com certificação orgânica.

AD 94

Quinta dos Murças Margem 2018

TINTO | DOURO | **$$$$**

Uma versão tensa e vibrante desse tinto, que esbanja frutas vermelhas e negras de perfil mais fresco permeadas por notas florais, de ervas e de especiarias. No palato, chama atenção pelos taninos arenosos e de ótima textura, pela acidez elétrica e pelo final vertical e fluido, com toques de violetas e de alcaçuz.

AD 93

Quinta dos Murças Minas 2018

TINTO | DOURO | **$$$**

Composto a partir de Touriga Franca, Touriga Nacional, Tinta Roriz, Tinto Cão e Tinta Francisca, com fermentação espontânea e estágio de 9 meses parte em cubas de cimento e parte em barricas usadas de carvalho francês. Sempre consistente, essa é mais uma ótima e fresca versão desse vinho. Puro suco de amoras e ameixas equilibrado por taninos tensos e vibrante acidez. Tem final cativante e persistente, com toques terrosos, salinos e de cassis.

AD 93

Quinta dos Murças Reserva 2012

TINTO | DOURO | **$$$$**

Preciso e nítido nos aromas e refinado nos sabores, mostra frutas vermelhas e negras mais maduras acompanhadas de notas florais, terrosas, de ervas secas e de especiarias doces, com seus taninos firmes e finos e sua ótima acidez aportando equilíbrio ao conjunto e fluidez ao vinho. Tem final untuoso e longo, com toques de violetas, de alcaçuz e de grafite.

AD 92

Quinta dos Murças Ânfora 2017

TINTO DOURO $$$$

Corte de Tinta Francisca e Tinto Cão, com fermentação espontânea (leveduras indígenas) em ânforas de barro, onde o vinho permanece até o engarrafamento. O resultado é um tinto extremo, seco, sem concessões ao dulçor da fruta e sem medo das notas de ervas, que conferem um aspecto ainda mais austero ao vinho. Os taninos firmes e tensos e sua acidez vibrante, conferem verticalidade e ainda mais sensação de profundidade. Tem final com toques terrosos, especiados e florais.

AD 91

Assobio Tinto 2019

TINTO DOURO $$$

Elaborado a partir de uvas Touriga Nacional, Tinta Roriz e Touriga Franca, com estágio em tanques de concreto (90%) e em barris de carvalho (10%) durante 6 meses. Tenso e vibrante, mostra ameixas e amoras de perfil mais fresco seguidas de notas florais, de ervas e de especiarias doces, que se confirmam no palato, tudo apoiado por ótima acidez e por taninos firmes e de grãos finos. Tem final persistente, com toques terrosos e de violetas. Aqui menos é muito mais.

AD 91

Assobio Tinto 2018

TINTO DOURO $$$

Mais uma ótima e fresca versão desse vinho, mostra frutas vermelhas e negras escoltadas por notas florais, de especiarias e de ervas frescas, tanto no nariz quanto na boca. Tem vibrante acidez, taninos finos e tensos e final suculento, com toques terrosos e de violetas.

>>

AD 90

Assobio Branco 2019

BRANCO | DOURO | $$$

Sempre consistente, essa é mais uma ótima edição desse branco, que mostra frutas brancas e de caroço maduras equilibradas por acidez vibrante e textura cremosa. Tem final médio/longo, com toques cítricos, salinos, de ervas frescas e de pêssegos.

AD 89

Assobio Rosé 2019

ROSÉ | DOURO | $$$

Repleto de morangos e de frutas brancas acompanhadas de notas florais e de ervas, que aparecem tanto no nariz quanto na boca, tudo equilibrado por refrescante acidez e gostosa textura. Para o aperitivo!

QUINTA NOVA DE NOSSA SENHORA DO CARMO

Região:
Douro
Enólogo:
Jorge Alves
Site: www.quintanova.com
Enoturismo: Sim
Importadora: World Wine

A Quinta Nova de Nossa Senhora do Carmo é uma propriedade duriense que data de meados do século XVIII. Desde 1999 a vinícola é gerida pela família Amorim (ligados à industria do vinho desde 1870 - incialmente na produção de rolhas de cortiça para as caves de Vinho do Porto em Vila Nova de Gaia), hoje na quarta geração sob a batuta de Luisa Amorim. Fixada na sub-região do Cima Corgo, a propriedade possui 85 hectares de vinhedos, classificados em 41 parcelas distintas, destacando-se duas parcelas centenárias (uma composta por 2,5 e outra por 4,5 hectares). Jorge Alves (sócio-fundador do projeto Quanta Terra) é o enólogo desde 2012.

AD 93 — Quinta Nova de Nossa Senhora do Carmo Terroir Blend Reserva Tinto 2017

TINTO | DOURO | $$$$

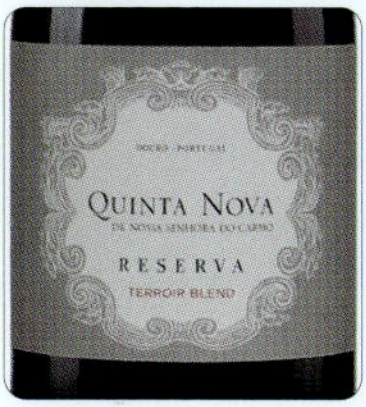

Muito bem feito no estilo de maior concentração de fruta e de opulência da casa, tem acidez refrescante e taninos firmes e cheios de tensão, que trazem equilíbrio e profundidade ao vinho. Tem final carnudo e persistente, com toques terrosos, de ameixas, de violeta e de grafite.

AD 90 — Quinta Nova de Nossa Senhora do Carmo Rosé 2018

ROSÉ | DOURO | $$$

Concentrado e carnudo, privilegia as frutas vermelhas mais maduras seguidas de notas florais e de ervas, que aparecem tanto no nariz quanto na boca. No palato, tem bom volume, acidez refrescante, textura cremosa e final suculento, com toques cítricos e de morangos.

AD 89 — Pomares Branco 2018

BRANCO | DOURO | $$$

Cheio de frutas brancas e de caroço maduras, tem boa acidez e textura cremosa, que trazem certo equilíbrio ao seu perfil de maior sensação de dulçor. Tem final cheio, com toques cítricos e de pêssegos.

ROQUETTE & CAZES

Região:
Douro
Enólogos:
Daniel Llose e Manuel Lobo
Site: www.roquettecazes.com
Enoturismo: Não
Importadora: Qualimpor

O projeto franco-lusitano nasceu da amizade entre Jorge Roquette, da Quinta do Crasto, e Jean-Michel Cazes, do Château Lynch- -Bages. Em 2002, as duas famílias decidiram criar uma empresa para "fazer vinhos do Douro com um toque bordalês". As uvas vêm da Quinta da Cabreira, dos Roquette, e da Quinta do Meco, que pertence à família Cazes. A primeira safra, em 2002, não foi para o mercado. Em 2003, criou-se o primeiro vinho em conjunto, o Xisto, que depois se tornou uma "cuvée", e só é feito em anos especiais. E em 2006 lançou-se o Roquette & Cazes, espécie de segundo vinho da casa, seguindo o conceito bordalês.

AD 93

Roquette & Cazes 2017

TINTO DOURO **$$$$**

Corte de Touriga Nacional, Touriga Franca e Tinta Roriz. Esta amostra de barrica traz muita fruta suculenta, como cereja e ameixa. O nariz, além das frutas, carrega o aroma de esteva. Em boca, boa fruta e elaboração clássica com taninos e acidez. A madeira já está se integrando muito bem, então já podemos vislumbrar em sua caminhada na direção do ideal após o afinamento em garrafa. O fim de boca volta a deixar a fruta falar e, neste ponto, sua suculência vem mais à tona ainda.

SÉGUR ESTATES REDONDO WINERY

Região:
Alentejo
Enóloga:
Joana Roque do Vale
Site: www.roquevale.pt
Enoturismo: Não
Importadora: Adega Alentejana

A história de Ségur Estates Redondo Winery (antiga Roquevale) iniciou-se em 1970 quando António Alfredo Gomes dos Santos, produtor na região de Estremadura, decidiu investir no concelho de Redondo, no Alentejo. Por alguns anos, além de vinhedos, a propriedade desenvolvia outras atividades agrícolas, como a cultura de cereais e a pecuária e, no final dos anos 1980, concentrou-se apenas na vitivinicultura (a produção de vinho com marca própria ocorreu em 1989). Na década de 1990 e início dos anos 2000, a vinícola realizou investimentos em modernizações e expansão e, hoje, possui cerca de 200 hectares de vinhas próprias. Em 2017, a Roquevale tornou-se parte da Ségur Estates, holding que investe no setor do vinho e que possui em Portugal outras duas propriedades, Encostas de Estremoz (também no Alentejo) e Quinta do Sagrado (na região do Douro). A Roquevale passou a ser conhecida oficialmente como Ségur Estates Redondo Winery em 2020.

AD 92

Roquevale Tinto da Talha Grande Escolha 2014

TINTO ALENTEJO **$$$**

Composto de Cabernet Sauvignon, Alicante Bouschet, Touriga Franca, Aragonez e Syrah, cofermentadas em ânforas de barro de acordo com os tradicionais métodos alentejanos. Vivo, fresco e estruturado, tem ótima textura de taninos, acidez refrescante e final suculento e agradável, com toques terrosos, especiados e florais, que convidam a uma segunda taça.

>>

AD 91

Terras de Xisto Vinhas Velhas Grande Reserva Tinto 2015

TINTO | ALENTEJO | $$$$

Denso e potente, privilegia a concentração e a madurez de fruta, com taninos firmes e boa acidez, que aportam certo equilíbrio ao conjunto. Um bom exemplo do estilo potente e opulento, mostrado aqui com precisão e finesse. Para os amantes de vinhos densos, complexos e repletos de notas mentoladas e de cacau, essa é a pedida.

AD 91

Terras de Xisto Vinhas Velhas Reserva Tinto 2015

TINTO | ALENTEJO | $$$

Bem feito em seu estilo encorpado e de maior madurez de fruta, tem acidez refrescante e taninos firmes e de grãos finos, que trazem sustentação ao conjunto e fluidez ao vinho. Tem final suculento e persistente, com toques florais, de ervas frescas, de ameixas e de chocolate.

AD 90

Redondo Single Block Síria Rabo de Ovelha Arinto 2019

BRANCO | ALENTEJO | $$$

Fresco, frutado e gostoso de beber, tem acidez vibrante e textura firme e cremosa, que aportam fluidez ao conjunto. Tem final cheio e persistente, com toques salinos, cítricos e de pêssegos. Difícil vai ser ficar na primeira taça.

AD 89

Redondo Tinto 2019

TINTO | ALENTEJO | $$

Corte de Castelão, Trincadeira, Aragonês e Moreto, sem passagem por madeira. Sempre consistente, mostra frutas negras e vermelhas maduras envoltas por notas florais, de ervas e de especiarias. Versátil e fácil de agradar, tem bom volume de boca, taninos macios e final cativante, com toques terrosos e de ameixas. Pode ser servido na companhia de embutidos ou de carnes vermelhas mais magras.

AD 89

Terras de Xisto Reserva Tinto 2016

TINTO | ALENTEJO | **$$$**

Mostra ameixas maduras e em compota escoltadas por notas terrosas, de especiarias doces e de ervas secas, que aparecem tanto no nariz quanto na boca. Carnudo, tem acidez refrescante, taninos granulados e final médio/longo, que pede a companhia de carnes vermelhas assadas.

AD 89

Tinto da Talha 2019

TINTO | ALENTEJO | **$$**

Cheio de ameixas e de amoras envoltas por notas terrosas, florais e de especiarias doces, tem boa acidez e taninos firmes, que equilibram o conjunto. Versátil, pode acompanhar desde embutidos até pizzas em geral.

AD 88

Convento da Serra Tinto 2019
TINTO | ALENTEJO | **$$**

AD 88

Terras de Xisto Tinto 2019
TINTO | ALENTEJO | **$$**

>>

SOALHEIRO

Região:
Minho
Enólogo:
António Luís Cerdeira
Site: www.soalheiro.com
Enoturismo: Sim
Importadora: Mistral

Soalheiro tem uma forte identificação com a casta Alvarinho. Em 1974, João António Cerdeira e seu pai António Esteves Ferreira plantaram o primeiro vinhedo da variedade, que resultou na criação, em 1982, da primeira marca de Alvarinho em Melgaço. Perto de completar sua quarta década, Soalheiro hoje é administrada pelo enólogo António Luís Cerdeira (filho e neto dos fundadores) e sua irmã Maria João Cerdeira.

AD 93

Soalheiro Alvarinho 2019

BRANCO | MINHO | $$$$

Equilibrado, mostra fruta branca e de caroço acompanhada de notas florais e de ervas, que aparecem tanto no nariz quanto na boca. No palato, tem acidez vibrante, textura firme e final persistente, com toques salinos e de lima, que pedem a companhia de peixes brancos grelhados.

AD 93

Soalheiro Granit Mineral Selection Alvarinho 2019

BRANCO | MINHO | $$$$

Chama atenção pela textura firme e cremosa e pelo ótimo volume de boca, que envolvem sua fruta branca e de caroço de perfil mais fresco e fazem com que o vinho se projete na boca com força e verticalidade. Tem acidez vibrante e final persistente, com toques florais, de umami, de ervas e de lima, que pedem a companhia de carnes brancas menos gordurosas.

AD 93

Soalheiro Reserva Alvarinho 2018

BRANCO | MINHO | $$$$$

Cremoso e untuoso, tem vibrante acidez e textura firme, que equilibram sua fruta branca e de caroço de perfil mais maduro, conferindo sustentação conjunto. Tem final cheio e persistente, com toques amanteigados, de pêssegos, de ervas e de especiarias doces.

AD 93

Soalheiro Rosé Alvarinho & Pinot Noir 2019

ROSÉ | MINHO | $$$$

Refinado e preciso, impressiona pela qualidade de frutas brancas e vermelhas frescas, sustentadas por textura firme e acidez vibrante, que conferem profundidade ao vinho. Tem ótimo volume de boca e final persistente, com toques cítricos, de morangos e de giz, pedindo uma segunda taça. Para o polvo grelhado.

AD 91

Allo Alvarinho Loureiro 2019

BRANCO | MINHO | $$$

Fresco, vibrante e gostoso de beber, tem ótima acidez e textura firme, que envolvem sua fruta branca e cítrica e aportam fluidez ao conjunto. Tem final médio/longo, com toques salinos, cítricos e de pêssegos. Difícil vai ser ficar no primeiro gole.

SUSANA ESTEBAN

Região:
Alentejo
Enóloga:
Susana Esteban
Site: www.susanaesteban.com
Enoturismo: Sim
Importadora: Adega Alentejana

Nascida em Tui, na Galícia, Susana Esteban iniciou sua carreira como enóloga em 1999. Trabalhou nas Quintas do Côtto e do Crasto, ambas no Douro e, desde 2007, tem atuado como consultora em diversas vinícolas do Alentejo. Percebendo o potencial da região, em 2011 nasceu seu projeto pessoal, em vila de Mora (distrito de Évora), adquirindo duas vinhas distintas após dois anos de muita procura (curiosamente este é o termo que dá nome ao vinho). Nesse mesmo ano, estabeleceu uma parceria com a enóloga Sandra Tavares (também assina os vinhos da Quinta de Chocapalha e da Wine & Soul), originando dois rótulos, o Crochet, produzido no Douro, e desde 2014 o Tricot, no Alentejo, ambos tintos. Outra iniciativa de Susana é a realização da marca Sidecar, onde convida um amigo enólogo, com intuito de partilhar conhecimento, para juntos criarem um vinho (Dirk Niepoort, o casal Filipa Pato e William Wouters e Eulogio Pomares são alguns dos nomes que já participaram desse projeto).

AD 95

Procura Tinto 2015

TINTO	ALENTEJO	**$$$$$**

Denso e austero, mas também fresco e cheio de tensão, consegue ter concentração e nitidez de fruta em conjunto com fluidez e frescor. Impressiona pelos taninos finíssimos e pela acidez elétrica, que envolvem sua fruta lembrando ameixas e cassis. Tem final longo e suculento, com toques terrosos, de grafite, de chá preto, de violetas e de alcaçuz.

AD 93 Procura Branco 2018

BRANCO ALENTEJO **$$$$$**

Produzido a partir de vinhas velhas, com estágio de 8 meses em barricas usadas de carvalho francês. Apresenta fruta de excelente qualidade, em um estilo mais austero e elegante, com notas cítricas e de caroço, especiarias doces, florais e de ervas finas. Tenso e suculento, tem bom volume de boca, acidez afiada, deliciosa textura e final persistente, com toques de tangerina e de flor de limoeiro.

AD 92 Aventura Branco 2019

BRANCO ALENTEJO **$$$**

Destaca-se pela nitidez de sua fruta, lembrando pêssegos e toranja, além de notas florais, de ervas e de frutos secos. Tem acidez vibrante, textura firme e final longo, com toques cítricos e de camomila.

SYMINGTON FAMILY ESTATES

Regiões:
Alentejo e Douro
Enólogo:
Charles Symington
Site: www.symington.com
Enoturismo: Sim
Importadoras: Mistral (Altano e Quinta da Fonte Souto) e Épice (Vale do Bomfim)

A história do grupo Symington se inicia com o escocês Andrew James Symington, quando, em 1882, desembarcou na cidade do Porto e assumiu um emprego oferecido pela Graham's, uma das maiores referências do comércio de têxteis na época (também havia passado a atuar, em 1820, no negócio do vinho do Porto depois de receber 27 tonéis de vinho como » pagamento de uma dívida). Em 1891, já fora da Graham's, Andrew se casou com Beatriz Leitão de Carvalhosa Atkinson, pertencente a uma família com diversas relações no mercado de Vinho do Porto, e, com a ajuda do sogro, seguiu no negócio que acabaria por transformar em um "império". Atualmente, administrada pela quarta e quinta gerações da família, Symington Family Estates possui quatro das grandes casas históricas de Vinho do Porto (Graham's, Cockburn's, Dow's e Warre's) e integra em sua produção um importante número de vinhos do Douro (Quinta do Vesúvio, Quinta do Ataíde, Altano, Prats & Symington - uma parceria com Bruno Prats, ex-dono do Château Cos d'Estournel) e do Alentejo (Quinta da Fonte Souto).

AD 92

Altano Reserva Branco 2018

BRANCO | DOURO | $$$$

Já com estrutura bem integrada à madeira. A fruta é límpida, amarela madura acompanhada do cítrico da laranja também madura. Excelente estrutura e uma textura mineral, quase salina.

AD 92

Altano Reserva Tinto 2016

TINTO | DOURO | $$$$

Fluido, frutado e gostoso de beber, mostra ameixas e amoras acompanhadas de notas florais, de ervas e de especiarias doces, que aparecem tanto no nariz quanto na boca, com sua acidez refrescante e seus taninos firmes e finos aportando profundidade e equilíbrio ao conjunto.

AD 92

Quinta da Fonte Souto Branco 2018

BRANCO | ALENTEJO | $$$$

Encorpado e repleto de frutas brancas e de caroço maduras, tem ótima acidez e textura firme, que aportam equilíbrio e fluidez ao vinho. Cremoso e untuoso, tem final cheio e persistente, com toques de pêssegos, de frutos secos, de especiarias doces, de cítricos em compota e de mel. Para as carnes brancas mais gordurosas.

AD 91

Quinta da Fonte Souto Florão Branco 2019

BRANCO | ALENTEJO | $$$

Uma versão tensa e vibrante dentro do estilo mais concentrado e de maior madurez da casa, com frutas brancas e de caroço envoltas por notas florais, de ervas e de especiarias doces, tudo equilibrado por acidez refrescante e ótima textura. Tem final cheio e persistente, com toques de pêssegos, de peras e de lima, que pedem um segundo gole.

AD 91

Vale do Bomfim Tinto 2018

TINTO | DOURO | $$

Cativante, fresco e gostoso de beber, esbanja amoras e ameixas acompanhadas de notas florais, de ervas e de especiarias doces, que aparecem tanto no nariz quanto na boca, tudo sustentado por acidez elétrica, taninos de ótima textura e final fluido e suculento, com toques terrosos, de mirtilos e de grafite. Aqui menos é muito mais.

AD 90

Altano Branco 2019

BRANCO | DOURO | $$$

Fresco e gostoso de beber, tem boa acidez e textura firme e cremosa, que envolvem sua fruta, lembrando pêssegos e pêras. Tem final médio, com toques salinos, cítricos e de ervas.

>>

AD 90

Altano Tinto 2018

TINTO DOURO $$$$

Composto a partir de Tinta Roriz, Touriga Franca e Tinta Barroca, com estágio de 4 meses em barricas de carvalho francês e americano. Mostra ameixas e amoras maduras seguidas por notas florais, de ervas e de especiarias doces, que aparecem tanto no nariz quanto na boca. Estruturado, tem ótima acidez, taninos de grãos finos e final suculento e cativante, com toques terrosos e de alcaçuz.

TAPADA DO CHAVES

Região:
Alentejo
Enólogo:
Pedro Baptista
Site: www.tapadadochaves.pt
Enoturismo: Sim
Importadora: Adega Alentejana

Situada em Portalegre, a história da Tapada do Chaves remonta ao início do século XX. A propriedade de 60 hectares, dos quais 32 são de vinhas, preserva duas das mais velhas parcelas de vinhedo do Alentejo, em produção e com registros que datam de 1901, vinha velha tinta, e 1903, vinha velha branca. Em 2017, a vinícola foi comprada pela Fundação Eugénio de Almeida, proprietária da Adega Cartuxa, e seu enólogo é o renomado Pedro Baptista.

AD 94

Tapada do Chaves Vinhas Velhas Tinto 2013

TINTO ALENTEJO **$$$$$**

Complexo nos aromas e nos sabores, mostra notas florais, defumadas, terrosas e de especiarias permeando sua fruta lembrando ameixas e amoras maduras. No mellhor estilo velha escola, é ótimo exemplo de que potência, concentração e finesse podem caminhar juntas. Tem taninos finos e firmes e refrescante acidez, que conferem fluidez e profundidade ao conjunto. Um grande tinto e um tinto grande, que ainda está jovem e tem tudo para ficar ainda melhor nos próximos 10 anos.

AD 93

Tapada do Chaves Branco 2018

BRANCO ALENTEJO **$$$$**

Cheio de camadas e fragrante, mostra frutas brancas e cítricas, floral, ervas, frutos secos e pedra de isqueiro, que se repetem no palato. Impressiona pela tensão e pela acidez vibrante, além de textura firme e final persistente.

AD 93

Tapada do Chaves Reserva Tinto 2014

TINTO ALENTEJO **$$$$$**

Esse clássico alentejano ainda está jovem, mas já mostra a que veio, com sua acidez refrescante e seus taninos arenosos e tensos, trazendo equilíbrio a sua fruta de perfil mais maduro, lembrando ameixas e cerejas. Tem final cheio e persistente, com toques terrosos, de tabaco, de ervas secas e de especiarias doces.

>>

TAYLOR'S

Região:
Douro
Enólogo:
David Guimaraens
Site: www.taylor.pt
Enoturismo: Sim
Importadora: Qualimpor

Fundada em 1692 pelo comerciante de lãs inglês Job Bearsley, a Taylor's só ganhou sua identidade atual com a entrada na sociedade de Joseph Taylor, John Fladgate e Morgan Yeatman, no início do século XIX. Desde então, mantém-se como empresa familiar dedicada exclusivamente à produção de Vinho do Porto, hoje quase uma raridade no setor, já que a maioria das firmas optou por também produzir vinhos Douro DOC, ou seja, não-fortificados. Hoje, ela integra o The Fladgate Partnership, que abriga ainda a Fonseca, cujo controle foi adquirido em 1949, a Croft, incorporada em 2001, e a Krohn, integrada no grupo em 2013, as três marcas igualmente tradicionais e respeitadas de Vinho do Porto. Ao longo desses mais de 300 anos de vida, a Taylor's foi responsável por pelo menos duas importantes inovações no aparentemente conservador universo do Vinho do Porto: o lançamento do "Chip Dry", primeiro Porto branco seco; e a introdução do estilo LBV (Late Bottled Vintage), hoje um dos mais populares do mercado.

AD 97

Taylor's Vintage Port 2017

FORTIFICADO | DOURO | **$$$$$**

Denso e opulento, mostra ameixas e de cassis envolvendo todas suas notas de violeta e de especiarias doces, tanto no nariz quanto na boca. Impressiona pelos taninos granulados e de ótima textura e pela acidez pulsante. Jovem, vibrante e com grande capacidade de envelhecimento, tem final longo e untuoso, com toques florais e de alcaçuz. Misto da concentração do 2011, com a fluidez e verticalidade do 2016.

AD 93 | Taylor's 20 Years Old Tawny Port

FORTIFICADO DOURO $$$$$

Apresenta notas de frutas secas, lembrando amêndoas e figos, florais, de mel e defumadas, que se confirmam no palato. Destaca-se pela vivacidade e pelos taninos de ótima textura, além acidez afiada e final longo, com toques de avelãs e de flor de laranjeira.

AD 92 | Taylor's Select Reserve Port

FORTIFICADO DOURO $$$

Mineralidade e muitas ervas aromáticas no nariz escoltando sua fruta (framboesa). Em boca, os taninos são poderosos e com deliciosa textura combinada à acidez, às frutas suculentas, lembrando mirtilo e confirmando a framboesa, além do final medicinal. Vinho estruturado e surpreendente, com as características de um LBV. Equilibrado e elegante em sua potência.

AD 91 | Taylor's Chip Dry Extra Dry White Port

FORTIFICADO DOURO $$$

Porto branco de estilo mais seco, tem gostosa acidez e textura firme, que trazem equilíbrio ao conjunto e a toda sua fruta, escoltada por notas florais, de ervas e de especiarias doces. Para beber mais geladinho como aperitivo ou para elaborar um refinado e refrescante portônica.

AD 90 | Taylor's Fine Tawny Port

FORTIFICADO DOURO $$$

Cerejas em calda com ligeiro açúcar queimado e baunilha, além de frutas secas e de ervas. Bons taninos e belíssima acidez, que chega a aportar uma picância de pimenta negra no fim de boca, "limpando" a doçura do vinho e deixando um toque medicinal e herbáceo. »

AD 90

Taylor's Fine White Port

FORTIFICADO DOURO **$$$**

Malvasia Fina, Viozinho, Esgana Cão, Rabigato e Gouveio fazem o blend deste Porto com aroma mineral, ervas secas e frutas amarelas, cera e mel de laranjeira, que se confirmam magistralmente na boca doce, suculenta e vibrante pela bela acidez.

AD 89

Taylor's Fine Ruby Port

FORTIFICADO DOURO **$$$**

Touriga Nacional, Touriga Francesa, Tinto Cão, Tinta Roriz e Tinta Barroca compõe este Porto de frutas vermelhas, lembrando ameixas maduras. Tem taninos marcantes, acidez vibrante, além de um mix de frutas vermelhas.

TIAGO CABAÇO WINERY

Região:
Alentejo
Enóloga:
Susana Esteban
Site: www.tiagocabacowinery.com
Enoturismo: Sim
Importadora: Adega Alentejana

Nascido em Estremoz, Tiago Cabaço fundou, em 2004, a empresa de mesmo nome na sub-região de Borba (Alentejo). A propriedade apresenta uma ampla gama de vinhos, como a linha ".com", os monovarietais, um espumante, os "Vinhas Velhas" (provenientes de vinhedos de mais de 30 anos) e os topos de gama "Blog". A responsável técnica é a enóloga Susana Esteban.

AD 94

Blog Alicante Bouschet Syrah 2016

TINTO ALENTEJO $$$$$

Corte tinto composto de Alicante Bouschet e Syrah, com estágio de 18 meses em barricas de carvalho francês (50% novas). Mostra frutas negras maduras, empireumático, especiarias picantes e ervas, que se repetem no palato. Tem acidez vibrante, taninos numerosos e de ótima textura e final longo e suculento. Um vinho cheio de camadas que alia estrutura, elegância e profundidade.

AD 93

Tiago Cabaço Vinhas Velhas Tinto 2018

TINTO ALENTEJO $$$

Untuoso e potente, impressiona pela qualidade da fruta lembrando ameixas e cerejas maduras, mas também pelos taninos tensos e arenosos, que trazem sustentação ao conjunto, tudo permeado por acidez elétrica, que faz com que esse vinho cheio de volume mostre-se também muito profundo. Tem final complexo e cativante, com toques de grafite, de cassis e de tinta nanquim.

AD 92

Tiago Cabaço Alicante Bouschet 2018

TINTO ALENTEJO $$$

De ótima tipicidade, mostra toda estrutura e tensão de taninos da variedade, permeadas por acidez vibrante e fruta negra madura no ponto certo. Tem final carnudo e persistente, com toques especiados, de ameixas, de ervas e de grafite, que convidam a uma segunda taça, de preferência na companhia de carnes vermelhas mais gordurosas.

AD 90

.COM Premium Branco 2019

BRANCO ALENTEJO $$

Esse 100% Viognier mostra frutas brancas e de caroço acompanhadas de notas florais e de ervas, que se confirmam no palato, tudo equilibrado por acidez refrescante, textura firme e cremosa e final untuoso, com toques cítricos e de pêssegos.

»

AD 90 | .COM Premium Tinto 2019

TINTO ALENTEJO $$

Repleto de ameixas maduras seguidas de notas terrosas, florais e de especiarias doces, é muito bem feito no estilo mais maduro, com acidez refrescante e taninos de boa textura, que trazem fluidez ao vinho e equilíbrio ao conjunto. Tem final suculento, com toques terrosos e de tabaco.

AD 89 | Torre de Estremoz Collection Tinto 2019

TINTO ALENTEJO $$

Composto de Trincadeira, Alicante Bouschet e Aragonez, com estágio de 20% do vinho em barricas de carvalho francês. Cativante e acessível, apresenta notas florais, terrosas, de ervas e de especiarias doces escoltando sua fruta negra madura no ponto certo. De corpo médio, tem ótima acidez, taninos macios e final também médio, com toques de ameixas e de amoras.

UCB - UNIÃO COMERCIAL DA BEIRA

Região: **Dão**
Enólogo:
Osvaldo Amado
Site: www.quintadocerrado.com/home.php
Enoturismo: Sim
Importadoras: SuperNosso e Rocchetto

Instituída em 1942, a União Comercial da Beira (UCB) é uma das empresas vinícolas mais antigas do Dão. Sua sede está localizada em Oliveirinha, concelho de Carregal do Sal, no distrito de Viseu. Nos anos

1980, a UCB adquiriu a Quinta do Cerrado, onde plantou 20 hectares de vinhas e instalou uma adega para vinificação de suas próprias uvas e de uvas compradas de viticultores da região. A propriedade dedica-se especialmente às castas portuguesas, como as tintas Touriga Nacional, Tinta Roriz, Jaen, Trincadeira Preta e Alfrocheiro, e as brancas Encruzado e Malvasia Fina.

AD 92

Quinta do Cerrado Reserva Bruto Rosé 2016

ESPUMANTE | DÃO | $$$

Grata surpresa, tem acidez elétrica e textura cremosa e tensa, que envolve sua fruta vermelha e cítrica de perfil mais fresco. Tem bom volume de boca e final longo, com toques terrosos, especiados e de frutos secos, que convidam a uma segunda taça.

AD 91

Prado Encruzado Bical Malvasia Fina 2019

BRANCO | DÃO | $$

Sedutor e gostoso de beber, mostra pêssegos e peras maduras seguidas de notas florais e de ervas fresca, com sua vibrante acidez e sua textura firme e cremosa trazendo equilíbrio e profundidade ao vinho. Para as carnes brancas mais gordurosas.

AD 91

Prado Limited Edition Touriga Nacional Alfrocheiro Tinta Roriz 2019

TINTO | DÃO | $$

Cativante nos aromas, mostras notas florais e de especiarias doces envolvendo sua fruta, que lembra ameixas. No palato, tem ótima acidez, taninos firmes e de ótima textura e final suculento e persistente, com toques terrosos, de cacau e de ervas secas.

>>

AD 90

Lagares do Cerrado Reserva Branco 2019

BRANCO | DÃO | $$$

Cremoso e balanceado, tem textura firme e refrescante acidez, que aportam fluidez ao vinho e equilíbrio a sua fruta, lembrando pêssegos e peras. Tem final cativante, com toques cítricos e salinos, que convidam a uma segunda taça.

AD 90

Lagares do Cerrado Tinto 2019

TINTO | DÃO | $$

Tenso e vibrante, mostra notas florais, de ervas e de especiarias envolvendo sua fruta vermelha e negra de perfil mais fresco. Mas, é no palato que merece atenção, com seus taninos firmes e de grãos finos, sua acidez afiada e seu final persistente e suculento, com toques terrosos e de ameixas.

AD 90

Vinha do Lourenço Tinto 2019

TINTO | DÃO | $$

Apresenta ameixas e amoras maduras escoltadas por notas florais, terrosas, de ervas e de especiarias, que aparecem tanto no nariz quanto na boca. Tem acidez vibrante e taninos de grãos finos, que conferem fluidez ao conjunto. Tem final suculento, que pede a companhia de carnes vermelhas grelhadas.

AD 89

Cunha Martins Dão Branco 2019

BRANCO | DÃO | $$

Mostra frutas brancas e de caroço maduras envoltas por notas florais e de ervas, que se confirmam no palato. Tem acidez refrescante e textura firme e cremosa, que trazem equilíbrio ao conjunto.

AD 89

Cunha Martins Dão Tinto 2019

TINTO DÃO **$$**

Nítido nos aromas e franco nos sabores, mostra ameixas e amoras seguidas de notas florais, de ervas e de especiarias doces, que se confirmam na boca, tudo equilibrado por refrescante acidez e taninos de boa textura. Para os embutidos.

AD 89

Vinha do Lourenço Branco 2019

BRANCO DÃO **$$**

Bem feito em seu estilo de maior madurez de fruta branca, com textura firme e cremosa e ótima acidez, que aportam sustentação ao conjunto.

VADIO

Região:
Bairrada
Enólogo:
Luís Patrão
Site: www.vadio.pt
Enoturismo: Não
Importadora: Épice

Situado na aldeia da Poutena, na região da Bairrada, o Vadio é um projeto criado por Luís Patrão. O enólogo tem como filosofia a recuperação das castas tradicionais, como, por exemplo, a Baga, e a produção de vinhos com senso de origem. Luís, que trabalhou durante 13 anos na Herdade do Esporão e, atualmente, é diretor de enologia na Herdade de Coelheiros, iniciou seu projeto pessoal em 2005, com apenas 0,5 hectare de uma parcela da família.

»

VINHOS

AD 93

Vadio Tinto 2015

TINTO BAIRRADA $$$$

Apresenta um estilo clássico, mas com muita pureza de fruta, lembrando cerejas, além de notas de especiarias, de ervas, florais, de cacau e terrosas. Gastronômico e gostoso de beber, impressiona pelo equilíbrio do conjunto, com acidez vibrante, taninos de ótima textura e final longo.

VAL DA UCHA

Regiões:
Alentejo, Dão, Douro e Minho
Enólogos:
Virgílio Loureiro, Manuel Malfeito Ferreira e José Manuel Piteira (Encostas de Alqueva - Alentejo)**, Miguel Oliveira** (Adega de Silgueiros - Dão)**, António Magalhães Ribeiro** (CARM - Douro) **e José Antas Oliveira** (Adega Ponte da Barca - Minho)
Importadora: World Wine

Projeto de marca própria da importadora World Wine lançado em 2019 com a seleção de grandes produtores das principais regiões de Portugal (Vinhos Verdes, Dão, Douro e Alentejo). O nome Val da Ucha vem da parte histórica de Portugal que era constituída por diversos reinos, e cada monarquia tinha o vinho que representava a região. Esses vinhos, considerados como uma parte da terra de cada reino, eram armazenados em suas Uchas, adegas particulares de cada Rei, para saciar a sede, além de brindar suas glórias.

AD 89 — Val da Ucha Alentejo Tinto 2018

TINTO | ALENTEJO | $$

Blend de Alfrocheiro, Aragonez, Trincadeira e Moreto, sem passagem por madeira. Cheio de frutas negras e vermelhas maduras escoltadas por notas florais, especiadas e de ervas frescas, que se confirmam na boca. De corpo médio e gostoso de beber, tem taninos aveludados, acidez na medida e final também medio, com toques de ameixas.

AD 89 — Val da Ucha Dão Branco 2019

BRANCO | DÃO | $$

Composto a partir de Encruzado e Malvasia Fina, sem passagem por madeira, mas com estágio de 4 meses em tanques de aço inox. Mostra frutas brancas e de caroço escoltadas por notas florais e de ervas frescas, que se confirmam no palato. Gostoso de beber e de médio corpo, tem ótima acidez, textura agradável e cremosa e final também médio, com toques salinos e cítricos, que pedem a companhia de peixes brancos grelhados.

AD 89 — Val da Ucha Dão Tinto 2019

TINTO | DÃO | $$

Sempre consistente, mostra frutas vermelhas e negras mais maduras equilibradas por taninos de boa textura e refrescante acidez. Versátil e gostoso de beber, tem final persistente e suculento, com toques terrosos, de ameixas e de especiarias.

>>

VINHOS

AD 88

Val da Ucha Douro Tinto 2016
TINTO | DOURO | $$$

AD 87

Val da Ucha Vinho Verde Branco 2020
BRANCO | MINHO | $$

VALDOURO

Região:
Douro
Enólogo:
David Guimaraens
Importadora: La Pastina

Porto Valdouro é resultado de uma parceria entre o grupo Les Grands Chais de France (LGCF), um dos principais produtores de vinhos e bebidas alcoólicas da França, e a conceituada vinícola Wiese & Krohn. O enólogo responsável é o experiente David Guimaraens, atual diretor técnico da empresa The Fladgate Partnership (instituição que possui em seu portfólio, além de Krohn, as vinícolas Taylor's, Fonseca e Croft).

AD 89

Valdouro Tawny

FORTIFICADO DOURO $$$

Apresenta frutas secas e em compota, notas florais e de especiarias doces, que se confirmam no palato. Direto e suculento, com acidez refrescante, taninos de boa textura e final longo, com toques de baunilha.

AD 88 | **Valdouro Ruby**

FORTIFICADO | DOURO | **$$$**

VILA NOVA

Região:
Minho
Enólogo:
António Sousa
Site: www.casadevilanova.com
Enoturismo: Sim
Importadora: Cantu

Casa de Vila Nova, situada em Penafiel, pertence à família Lencastre desde o século XII. Inicialmente, com Luís Lencastre, a atividade como produtora de vinho verde data dos anos 1970. Seu portfólio abarca vinhos produzidos com castas nacionais e internacionais, como os varietais de Alvarinho, Avesso, Loureiro, Chardonnay e Sauvignon Blanc, além do Vila Nova Vinho Verde (um corte elaborado com as três primeiras uvas) e o Vila Nova Vinho Verde Reserva, exclusivamente a partir da variedade Avesso. Instituída em 1993, a empresa atualmente é administrada pelos irmãos Bernardo, Luísa, Sofia e Filipe.

AD 90 | **Vila Nova Alvarinho 2020**

BRANCO | MINHO | **$$$**

De boa tipicidade, mostra frutas brancas e de caroço maduras acompanhadas de notas florais, de ervas e de frutos secos, que se confirmam no palato. Refrescante e de corpo médio, tem textura firme e cremosa, acidez na medida e final também médio, com toques de pêssegos.

>>

AD 90 | Vila Nova Vinho Verde Rosé 2020

ROSÉ | MINHO | $$

Refrescante e gostoso de beber, tem vibrante acidez e boa textura, que trazem equilíbrio a toda sua fruta madura, lembrando pêssegos e morangos. Tem final cativante, que pede mais um gole, de preferência na companhia de polvo à vinagrete.

AD 89 | Vila Nova Loureiro 2019

BRANCO | MINHO | $$

Fluido e gostoso de beber, mostra notas florais envolvendo sua fruta lembrando pêssegos e peras, tudo equilibrado por textura cremosa, acidez refrescante e final agradável, com toques cítricos.

AD 88 | Vila Nova Vinho Verde 2020

BRANCO | MINHO | $$

AD 87 | Levity Vinho Verde Rosé 2020

ROSÉ | MINHO | $

AD 86 | Levity Vinho Verde Branco 2020

BRANCO | MINHO | $

WIESE & KROHN

Região:
Douro
Enólogo:
David Guimaraens
Site: www.krohn.pt
Importadora: World Wine

A Wiese & Krohn começou como uma pequena empresa, fundada em 1865 pelos noruegueses Theodor Wiese e Dankert Krohn, cuja atividade baseava-se na exportação de Vinho do Porto para os mercados escandinavos e para a Alemanha. A vinícola foi administrada pela família Falcão Carneiro de 1933 até 2013, quando foi comprada pelo grupo The Fladgate Partnership, uma das mais prestigiadas empresas produtoras de Vinho do Porto.

AD 94

Krohn Porto Colheita 2003

FORTIFICADO DOURO **$$$$**

Impressiona pela concentração de fruta lembrando cerejas maduras e em compota, com sua acidez vibrante e sua textura firme e cremosa trazendo equilíbrio ao conjunto. Cheio e muito persistente, tem final cativante, com toques especiados, florais, de frutos secos, de tabaco e de cacau.

>>

AD 93

Krohn Porto Colheita 2002

FORTIFICADO DOURO $$$$

Mostra ótima complexidade, com frutas vermelhas e negras em compota, floral, tabaco, frutos secos e discretas notas cítricas, que se confirmam no palato. Estruturado e gostoso de beber, tem acidez refrescante, taninos de ótima textura e final suculento e persistente.

WINE & SOUL

Região:
Douro
Enólogos:
Sandra Tavares da Silva e Jorge Serôdio Borges
Site: www.wineandsoul.com
Enoturismo: Sim
Importadora: Adega Alentejana

Wine & Soul é um projeto criado em 2001 pelo casal de enólogos Jorge Serôdio Borges e Sandra Tavares da Silva. Situado no vale do Pinhão, no Douro, o primeiro vinho produzido foi o Pintas, cuja composição provém de vinhas velhas com mais de 30 castas (field blend) e com mais de 80 anos. A gama de vinhos ainda inclui o irmão mais novo Pintas Character, o Guru (vinho branco produzido através de um vinhedo com mais de 50 anos), os vinhos do Porto (nas versões Vintage, Tawny 10 anos e uma edição especial de um Tawny chamada de "5G") e, a partir de 2009, a linha Manoella, com uvas cultivadas na propriedade Quinta da Manoella, a qual também possui vinhas velhas, algumas com mais de cem anos.

AD 96

Quinta da Manoella Vinhas Velhas Tinto 2018

TINTO | DOURO | **$$$$$**

Impressiona pela profundidade e tensão aliada a nitidez e concentração de fruta negra e vermelha madura no ponto certo, tudo equilibrado por acidez pulsante e taninos firmes e finíssimos, que aportam fluidez ao vinho. Tem final muito longo, com toques de violeta, de ervas frescas e de grafite. Está ótimo agora, mas tem todos os requisitos para ficar ainda melhor nos próximos 10 anos.

AD 95

Pintas Tinto 2018

TINTO | DOURO | **$$$$$**

Sempre entre os melhores tintos do Douro e de Portugal, nessa edição mostra-se mais fresco e fluido para os padrões de concentração de fruta e de potência desse tinto, que sempre tem acidez vibrante, taninos firmes e muita finesse. Um retrato preciso, que reflete o lugar sublime de onde vem esse vinho, que está excelente agora, mas tem tudo para ficar ainda melhor nas próximas décadas.

AD 94

Pintas Character Tinto 2018

TINTO | DOURO | **$$$$**

Elaborado a partir de vinhas velhas de mais de 50 anos, com cerca de 30 castas autóctones do Douro. Austero e refinado, apresenta frutas escuras maduras, empireumático, floral, especiarias, ervas e grafite, que se confirmam no palato. Destaca-se pelo conjunto harmonioso, mostrando fruta suculenta, bem sustentada por acidez vibrante e taninos finos e de ótima textura, além de final longo e profundo.

»

AD 93

Manoella Branco 2019

BRANCO DOURO **$$$$**

Em um estilo austero, apresenta frutas brancas e de caroço maduras, floral, ervas e pedra de isqueiro, que se confirmam no palato. Destaca-se pelo frescor e pela textura firme, além de acidez vibrante e final longo, com toques cítricos e salinos.

AD 93

Pintas Character Tinto 2017

TINTO DOURO **$$$$**

Field blend de vinhas velhas, mostra um perfil ao mesmo tempo rico e equilibrado. No palato, a fruta é límpida e amparada por traços de chá. Bons taninos e rica acidez completam o quadro de um vinho feito para durar. Pede e merece mais três anos em garrafa antes de abrir.

AD 92

Manoella Tinto 2018

TINTO DOURO **$$$$**

Mais uma ótima edição desse tinto, repleto de ameixas e de amoras maduras acompanhadas de notas florais, terrosas e de especiarias doces, que aparecem tanto no nariz quanto na boca. Concentrado e fresco, tem acidez vibrante, taninos firmes e finos e final persistente e suculento, com toques de alcaçuz e de grafite.